JN304011

実務家のための
キャッシュフロー分析と企業価値評価［第2版］

久保田 政純 著

Cash Flow Analysis

シグマベイスキャピタル

まえがき

　本書は，（社）商事法務研究会発行の『月刊クレジット＆ロー』に2000年2月から12回にわたり連載した「キャッシュフローと企業価値」をもとに加筆訂正したものであり，その主なテーマは，割引キャッシュフロー（DCF）法に基づく企業価値評価である。

　現在は，DCFや企業価値という考え方が広く理解されるようになってきたものの，その本格的普及まで日本では半世紀近い年月を要している。約40年前筆者はDCFに基づく正味現在価値（NPV）や内部利益率（IRR）をテーマにゼミ報告を行ったが，当時既に米国ではDCFが財務の基本概念として行きわたりつつあった。それ以降折に触れその重要性を強調してきたが，日本でながらくDCFに対する関心が低かったのは，コーポレートファイナンスという理論的支柱を持ち合わせていなかったためだと思われる。経営者をはじめ経済に関係する多くの層に財務理論が欠如しており，これが株式・不動産バブルを引き起した主たる要因とも言え，あらためて理論に基づかない実務の脆さを感じる。そこで，ここでは実務を中心としながら基本的な理論にもふれている。

　現在，DCF法を中心とする企業価値評価については米国流のコーポレートファイナンスに基づき数多くの本が出版されているが，その殆どがKoller外による*Valuation*の修正版と言え，キャッシュフローそのものに対する理解と説明が十分でないように見受けられる。

　そのため，まず企業のキャッシュフローを十分説明した上で，企業価値評価へ移っていく。日本では資金繰りという言葉で表わされてきたキャッシュフローについては，研究の歴史も長く米国よりむしろ優れたところが多い。会計上の利益よりもいわゆるキャッシュフロー（現金ベースの利益）が企業

の実質収益力を示すことは，すぐれた経営者であれば古くから理解するところであり，日本では資金移動表の形で，その分析手法が完成している。この資金繰りをコーポレートファイナンスの理論的な枠組みの中で完成させたものがDCFの概念である。したがって，資金繰りとコーポレートファイナンスの融合を試みている。

本書の構成について説明すると，まず前半でキャッシュフローについて企業再生の事例を交えながら説明した。次いで，DCF法と企業価値評価の理論的枠組みを述べ，その後いくつかの事例を挙げている。

事例は殆どが実際のケースを修正して使用しており，また広汎な分野を網羅しているので，実務においてすぐに利用できるものと自負している。事例の作成については，千石康人，根岸靖明の諸氏に全面的にご協力をいただいた。

最後になったが，第2版の発行につき種々お世話いただいたシグマベイスキャピタル（株）の相良氏に心より感謝申しあげます。

目次

まえがき ·· 1

第1章 キャッシュフローと企業価値評価 ··············· 11

1 キャッシュフローの意味·· 11
（1）キャッシュフローの種類 ··· 11
（2）キャッシュフローサイクル ······································· 13
（3）固定資金と運転資金 ··· 16

2 キャッシュフロー表の種類 ·· 17
（1）資金運用表 ·· 17
（2）資金繰り表（現金予算）··· 18
（3）資金移動表 ·· 18
（4）連結キャッシュ・フロー計算書 ·································· 19
（5）キャッシュフロー分析 ·· 19

3 企業価値評価 ··· 20
（1）割引キャッシュフロー（DCF）··································· 20
（2）資本コスト（割引率）··· 21
（3）事業用資産価値と非事業用資産価値 ··························· 21

第2章 資金運用表の意義とその分析 ················ 23

1 貸借対照表の意味と分析 ··· 23

(1) 運転資金の検討 ……………………………………… 24
　　(2) 固定資金の検討 ……………………………………… 25
　2　資金運用表の意味 ………………………………………… 27
　3　資金運用表の種類（現金資金運用表の重要性）……… 28
　4　現金資金運用表の作成と分析 …………………………… 31
　　(1) 現金資金運用表の作成方法 ………………………… 31
　　(2) 現金資金運用表の分析 ……………………………… 36

第3章　資金繰り表と資金移動表の意義とその分析 ……… 39

　1　資金繰り表 ………………………………………………… 39
　　(1) 資金繰り表とは ……………………………………… 39
　　(2) 資金繰り表の形式及び作成 ………………………… 42
　2　資金移動表 ………………………………………………… 43
　　(1) 資金移動表とは ……………………………………… 43
　　(2) 資金移動表の見方 …………………………………… 47
　3　資金繰り表のチェック方法（資金運用表に組み替え）… 48
　4　資金移動表のチェック法 ………………………………… 52

第4章　企業再生とキャッシュフロー
　　　　　（キャッシュフロー分析事例）………………… 55

　1　企業再生分析の事例 ……………………………………… 55
　2　キャッシュフロー分析 …………………………………… 60
　　(1) 資金バランスの作成 ………………………………… 60
　　(2) 資産内容の精査 ……………………………………… 63
　　(3) 現金利益の測定 ……………………………………… 64

(4) 償還可能性の検討 ･････････････････････････････････ 65
　　(5) 債務免除後の状況 ･･････････････････････････････････ 65
　　(6) 同業優良企業との比較 ･･････････････････････････････ 66
　3　企業再生の留意点 ･･････････････････････････････････････ 68
　　(1) 事業戦略の確立 ････････････････････････････････････ 68
　　(2) 連結ベースのセグメント評価 ････････････････････････ 68
　　(3) 予想損益計算書，キャッシュフロー表，貸借対照表の作成 ････････ 69
　　(4) その他 ･･ 69

第5章　連結キャッシュ・フロー計算書の意義とその分析　･････ 71

　1　キャッシュフロー計算書の意義 ･････････････････････････ 71
　　(1) キャッシュフロー計算書の情報 ･･････････････････････ 71
　　(2) 計算書の主要区分 ･･････････････････････････････････ 74
　　(3) 分析 ･･ 74
　2　キャッシュフロー計算書の分析 ･････････････････････････ 75
　　(1) 計算書の概要 ･･････････････････････････････････････ 75
　　(2) 資金運用表，資金移動表及び総キャッシュフロー表への組み換え ･･ 77
　　(3) 比率によるキャッシュフロー分析（P/L，B/Sとの対比）････････ 82

第6章　日本基準の連結キャッシュ・フロー計算書の
　　　　　概要とその分析　････････････････････････････ 85

　1　日本基準の連結キャッシュ・フロー計算書 ･･････････････ 85
　　(1) 米国基準との比較 ･･････････････････････････････････ 85
　　(2) 受取利息と支払利息の記載方法 ･･････････････････････ 89

(3) そのほかの留意点 ・・・・・・・・・・・・・・・・・・・・・・・・・・・・・・・・ 89
　　　(4) 日本基準に対するコメント ・・・・・・・・・・・・・・・・・・・・・・・・ 90
　　2　クラレの分析 ・・・・・・・・・・・・・・・・・・・・・・・・・・・・・・・・・・・・・・ 91
　　3　住友化学のキャッシュフロー分析 ・・・・・・・・・・・・・・・・・・・・・ 93

第7章　割引キャッシュフロー法（DCF法）と企業価値評価
　　　　　・・ **101**

　　1　企業価値と株主資本価値 ・・・・・・・・・・・・・・・・・・・・・・・・・・・ 101
　　2　資本還元価値（割引き）・・・・・・・・・・・・・・・・・・・・・・・・・・・・ 102
　　　(1) 複利計算と割引計算 ・・・・・・・・・・・・・・・・・・・・・・・・・・・ 102
　　　(2) 複利現価係数と年金現価係数 ・・・・・・・・・・・・・・・・・・・・ 104
　　　(3) 永久還元 ・・・・・・・・・・・・・・・・・・・・・・・・・・・・・・・・・・・・・ 109
　　3　キャッシュフロー予測上の留意点 ・・・・・・・・・・・・・・・・・・・・ 110
　　　(1) 税金の影響（税引後ベースが原則）・・・・・・・・・・・・・・・・ 110
　　　(2) 運転資金とキャッシュフロー ・・・・・・・・・・・・・・・・・・・・・・ 112
　　　(3) 金利控除前のキャッシュフロー（EBITDAとNOPAT）・・・・・ 114
　　4　資本コスト（割引率）・・・・・・・・・・・・・・・・・・・・・・・・・・・・・・ 115

第8章　設備投資の経済性評価 ・・・・・・・・・・・・・・・・・・・・・・ **117**

　　1　現在価値法（DCF法）のあらまし ・・・・・・・・・・・・・・・・・・・・ 117
　　　(1) 正味現在価値法（NPV法：Net Present Value）・・・・・・・・ 118
　　　(2) 内部利益率法（IRR法：Internal Rate of Return）・・・・・・・・ 119
　　2　現在価値法の事例 ・・・・・・・・・・・・・・・・・・・・・・・・・・・・・・・・ 121
　　　(1) 正味現在価値法（NPV法）・・・・・・・・・・・・・・・・・・・・・・・・ 121
　　　(2) 内部利益率法（IRR法）・・・・・・・・・・・・・・・・・・・・・・・・・・ 122

    3 設備投資の経済性評価（回収期間法とROI法）・・・・・・・・・・・・・・・ 123
      （1）回収期間法 ・・・ 123
      （2）会計的投資利益率法（ROI法）・・・・・・・・・・・・・・・・・・・・・・・・ 125
    4 演習ケース ・・・ 126

第9章　資本コストと設備投資・・・・・・・・・・・・・・・・・・・・・・・・・・・ 131

    1 資本コストの理論的意味 ・・・・・・・・・・・・・・・・・・・・・・・・・・・・・・・・ 131
      （1）投資の最低必要収益率と資本コスト ・・・・・・・・・・・・・・・・・・・ 131
      （2）機会費用としての性格 ・・・・・・・・・・・・・・・・・・・・・・・・・・・・・・・ 132
    2 加重平均資本コストの事例 ・・・・・・・・・・・・・・・・・・・・・・・・・・・・・・ 137
    3 ハイネケンのケース ・・・・・・・・・・・・・・・・・・・・・・・・・・・・・・・・・・・・ 140

第10章　DCFと新会計制度（減損会計とリース会計）・・・・ 143

    1 減損会計 ・・ 143
      （1）概要 ・・ 143
      （2）減損会計の対象資産 ・・・・・・・・・・・・・・・・・・・・・・・・・・・・・・・・・ 144
      （3）減損の徴候 ・・ 145
      （4）減損の認識 ・・ 145
      （5）減損損失の測定 ・・・・・・・・・・・・・・・・・・・・・・・・・・・・・・・・・・・・・ 146
      （6）減損処理後の会計処理 ・・・・・・・・・・・・・・・・・・・・・・・・・・・・・・・ 147
      （7）ケース（使用価値の算定に用いられる割引率）・・・・・・・・・・・ 148
    2 リース会計の概要 ・・・・・・・・・・・・・・・・・・・・・・・・・・・・・・・・・・・・・・ 151
      （1）概要 ・・ 151
      （2）ファイナンス・リースの会計処理（売買処理）・・・・・・・・・・・ 152
      （3）設例（企業会計基準委員会『リース取引に関する会計基準の適用指針』2007年3月公表）・・ 154

第11章　企業価値評価のフレームワーク ・・・・・・・・・・・・・・・159

1　エンタプライズDCF法 ・・・・・・・・・・・・・・・・・・・・・・・・・・・・・・160
（1）現状分析（実績の分析）・・・・・・・・・・・・・・・・・・・・・・・・160
（2）資本コストの推計 ・・・・・・・・・・・・・・・・・・・・・・・・・・・・164
（3）将来キャッシュフローの予測 ・・・・・・・・・・・・・・・・・・・167
（4）事業価値の算定 ・・・・・・・・・・・・・・・・・・・・・・・・・・・・・・169

2　企業価値評価のケーススタディ ・・・・・・・・・・・・・・・・・・・・169
（1）業界事情 ・・・・・・・・・・・・・・・・・・・・・・・・・・・・・・・・・・・・169
（2）企業価値評価の前提条件設定 ・・・・・・・・・・・・・・・・・・・171
（3）企業価値評価 ・・・・・・・・・・・・・・・・・・・・・・・・・・・・・・・・175

第12章　株価評価のケース ・・・・・・・・・・・・・・・・・・・・・・・・・・177

1　現状分析 ・・・・・・・・・・・・・・・・・・・・・・・・・・・・・・・・・・・・・・・177
（1）沿革・経営者 ・・・・・・・・・・・・・・・・・・・・・・・・・・・・・・・・177
（2）紙・パルプ業界事情 ・・・・・・・・・・・・・・・・・・・・・・・・・・178
（3）事業概要 ・・・・・・・・・・・・・・・・・・・・・・・・・・・・・・・・・・・179
（4）業績推移 ・・・・・・・・・・・・・・・・・・・・・・・・・・・・・・・・・・・180
（5）収支財政状態 ・・・・・・・・・・・・・・・・・・・・・・・・・・・・・・・181
（6）結論 ・・・・・・・・・・・・・・・・・・・・・・・・・・・・・・・・・・・・・・・187

2　三菱製紙の企業価値評価・株価算定 ・・・・・・・・・・・・・・・・188
（1）現状分析（実績の分析）・・・・・・・・・・・・・・・・・・・・・・・・188
（2）資本コストの推計 ・・・・・・・・・・・・・・・・・・・・・・・・・・・・191
（3）将来キャッシュフローの予測 ・・・・・・・・・・・・・・・・・・・193
（4）事業価値の算定・株価算定 ・・・・・・・・・・・・・・・・・・・・・195

第13章　不動産の評価 ･････････････････････････････ **197**

1　実物資産の評価方法 ･･････････････････････････････ 197
（1）原価法による評価（Cost Approach）･･････････････････ 198
（2）市場価格に基づく評価（Market Approach 取引事例比較法）･････ 198
（3）収益還元法による評価（Income Approach）････････････････ 199

2　不動産の収益還元評価（DCF 法）･･････････････････ 200
（1）収益還元評価の計算 ････････････････････････････ 200
（2）割引率 ･･･････････････････････････････････････ 200
（3）集合資本コスト（Band of Investment Approach）･･･････････ 202

3　事前調査（デュー・ディリジェンス）･･････････････ 204
（1）不動産状況調査 ･･･････････････････････････････ 204
（2）環境調査 ･････････････････････････････････････ 205
（3）法的調査 ･････････････････････････････････････ 205
（4）経済的調査 ･･･････････････････････････････････ 205

4　不動産投資のケース（ROE ベース）･･･････････････ 207
（1）ケース ･･･････････････････････････････････････ 207
（2）ケースの考え方 ･･･････････････････････････････ 208

5　貸ビルのケース（ROA ベース）･･･････････････････ 209
（1）ケース ･･･････････････････････････････････････ 209
（2）ケースの考え方 ･･･････････････････････････････ 210

第14章　プロジェクト・ファイナンスとキャッシュフロー分析
･･ **215**

1　プロジェクト・ファイナンスとは ･･････････････････ 215
（1）プロジェクト・ファイナンスの基本概念 ･････････････ 215

（2）プロジェクト・ファイナンスの特色 ……………………… 218
　2　キャッシュフロー分析 …………………………………………… 220
　　（1）キャッシュフロー予測 ……………………………………… 220
　　（2）採算性の検討 ………………………………………………… 221
　　（3）プロジェクトの返済能力指標（カバレッジ・レシオ）…… 222
　3　ケーススタディ …………………………………………………… 223
　　（1）プロジェクトの概要 ………………………………………… 223
　　（2）プロジェクト実施国の状況評価 …………………………… 225
　　（3）主たるリスクの分析およびコントロール ………………… 226
　　（4）キャッシュフロー分析 ……………………………………… 229
　　（5）マーケット環境の調査 ……………………………………… 232
　　（6）結論 …………………………………………………………… 233

　参考文献 ……………………………………………………………… 234

第1章

キャッシュフローと企業価値評価

　この章では，導入部としてまずキャッシュフローの意味，次いで現代の経営においてなぜキャッシュフローが重要視されているのか，更には企業価値との関連等について考えてみたい。

1　キャッシュフローの意味

(1) キャッシュフローの種類

①現金利益の重要性

　キャッシュフローとはなんだろうか。キャッシュフローについては様々な定義がある。

　一般には，企業活動等における現金収支を指し現金の入り払いすなわち，キャッシュ・インフロー及びキャッシュ・アウトフローのことを言ってい

る。これは従来日本では現金収支の管理と実行を行う資金繰りという言葉で表現されたものである。

　さらに，狭い意味では，現金利益（キャッシュ・プロフィット）を指すことも多い。これは，発生主義に基づく会計上の利益に対比される言葉で，企業が行った投資の稼得する本源的な収益力であり，投資活動から得られる現金ベースの収益を言う。会計上の利益から算出すると，会計上の利益に減価償却費等の非現金費用を加えたものである。この現金利益こそが企業経営上，最も重要視される概念であり本編を通じて基本となる考え方である。

②オペレーティングキャッシュフローとフリーキャッシュフロー
　なお，この外にオペレーティングキャッシュフロー及びフリーキャッシュフローと言われるものも大切である。これは，前述の現金利益を一部修正した概念であり，それぞれ重要な意味を持つ。オペレーティングキャッシュフローとは営業キャッシュフローのことであり，従来日本で用いられてきた経常収支にほぼ一致し，考え方もほぼ同様であるが，営業キャッシュフローは税引後であるのに対し経常収支は税引前ベースである。

　日々の営業活動から生じた現金の収支尻であり，例えば，売掛金の回収の遅れ，在庫の積み増し等の運転資金も考慮後の現金利益である。また，借入利息や税金の支払までも含めている。営業キャッシュフローが赤であれば，前向きな新規投資はもちろん現在の操業維持のための投資さえも自力でできないことを意味する。

　フリーキャッシュフローとは，通常オペレーティングキャッシュフローから設備投資額を引いたものであり，現状の操業を安定的に確保するために必要とされる経常的投資を行った後で，企業が自由に処分可能なキャッシュを言う。ここでは，設備投資は安定操業が維持可能なレベル，即ち，ほぼ減価償却見合いの投資をさすことが多い。

　なお資金収支（ファンドフロー）という言葉が使われることもあるが，こ

の場合，資金の定義が現金資金，運転資金，固定資金等概念的な分類でなされている。現金資金よりもやや広いキャッシュフローの概念と言えるが，実務上では両者は，ほぼ同意義と考えられる。

③キャッシュフローと会計

最近，キャッシュフロー重視の経営が強調されているが，これはキャッシュ稼得能力をもって企業価値を評価しようという考えであり，経済学的に見れば極めて納得しうるものである。企業の生む現金利益で，企業活動を総括しようというコンセプトであり，従来の会計的な視点よりも経済学的視点を強調したもので，よりコーポレートファイナンスに近いものである。しかしながらキャッシュフローの考え方は，発生主義に基づく会計の考え方と矛盾するものではなく，会計では十分に把握できない部分を補完しさらに発展させ，コーポレートファイナンスとの融合を目指し，会計とコーポレートファイナンスの掛け橋を担うものである。

コーポレートファイナンスを重視するあまり，会計を軽視する動きが最近見られるが，両者あいまって企業活動を正当に評価できるものであるということを忘れてはならない。

なお，本書では現金，キャッシュ，資金のそれぞれの意味について，学問的に厳密な定義はしないが，キャッシュは現金及び現金等価物を含め，やや広い意味での現金とし，資金については，前述の通り，現金資金，運転資金，固定資金を含むやや抽象的なものとしておき，この議論には立ち入らない。

(2) キャッシュフローサイクル

それでは，企業内で現金がどのように流れているのか考えてみよう。
ウエストンはキャッシュフローサイクルを図表1-1の通りに説明している。

図表1-1　企業のキャッシュフロー

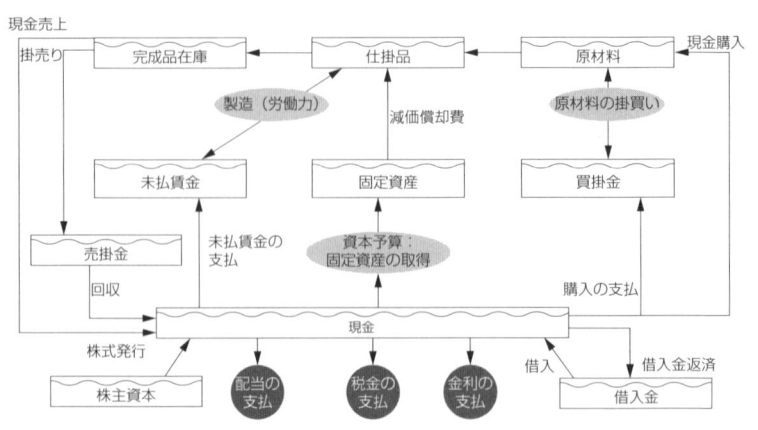

出所：Weston, J.F. and E.F. Brigham *Essentials of Managerial Finance*, 9th edition, Dryden Press, 1990, p278（当方訳）

　借入と株式発行により現金を調達し，その後，その運用へと移る。運用ではまず日々の原材料の購入に用いられるが，他方，設備投資にまわされる現金がある。これらと労働力を合わせ，製品を作り，それを販売することによって，現金を回収する。これらの結果，増加した現金から金利や税金，配当の支払を行う。図表1-2はヒギンスの考えるキャッシュフローサイクルであり，上記図表1-1とほぼ同様である。

図表1-2　キャッシュフロー形成サイクル

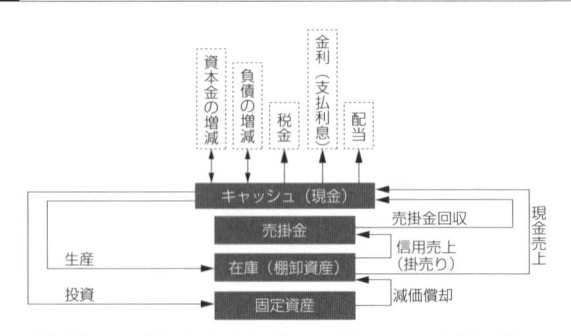

出所：Higgins, R.C., *Analysis for Financial Management*, 6th edition, McGraw-Hill Companies, Inc., 2000, p4（当方訳）

これらはいずれも米国流のコーポレートファイナンスに従い資金の提供と資金の運用を二面的に捉えている。

　しかし，これらの図では現金の増減に影響を与える企業の投資活動である固定資金とそれを支える運転資金の区別が明確でない。そこで，ここでは図表1-3のキャッシュフローサイクルを重視したい。

　図表1-3のキャッシュフローは，貸借対照表の増減表である資金運用表と同じ考え方である。すなわち，貸借対照表を流動と固定の考え方に基づき水平的に分割しそれぞれ両者の資金フローを考えている。流動資産，流動負債に対応する運転資金の動きと固定資産，資本，固定負債に対応する固定資金（設備資金）の動きを別々に表示する。資金の源泉別にキャッシュフローを把握する考え方である。これによれば，企業の本源的な投資活動から生じる固

図表 1－3　企業における資金の流れ

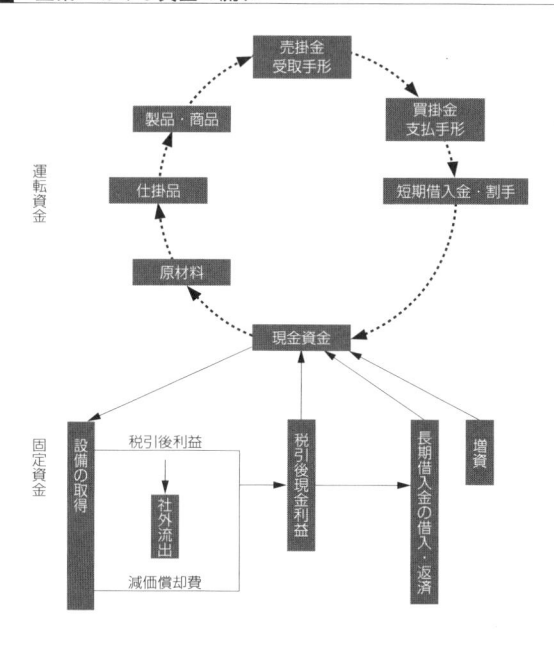

定資金と単なる補助的な資金としての運転資金を明確に区別できる。

(3) 固定資金と運転資金

　少し詳しく固定資金と運転資金という二つの資金の源泉を検討してみよう。

　まず，固定資金のキャッシュフローにつき例を使って説明しよう。

　今（0時点で），設備投資100億円（耐用年数5年）を実施する。すると，この投資により，1期目より毎年売上高が150億円得られる一方，現金費用として120億円流出する。なお，ここでは運転資金を無視して，すべての売上高は，現金で回収され，購入の支払いもすべて現金，製品も即座に生産される，また設備投資についても即座に完成するものとする。ここでキャッシュフロー表は次の通りとなる。

（単位：億円）

年　次	0	1	2	3	4	5	計
設備投資	△100						△100
売上		(150)	(150)	(150)	(150)	(150)	(750)
現金費用		(△120)	(△120)	(△120)	(△120)	(△120)	(△600)
現金利益		30	30	30	30	30	150
累計	△100	△70	△40	△10	20	50	50

　固定資金の骨格は，設備投資に対するキャッシュ・アウトフローと，その後投資効果として，投資の稼働年数にわたって生ずる現金利益のキャッシュ・インフローにより形成されている。

　このように，固定資金は建物・機械設備，投資などの固定資産に投下されるので，いったん投下されると長期間回収できない。このため資金調達は，返済不要な資本勘定（自己資本）あるいは返済期間の長い長期負債（長期借

入金及び社債）で行う必要がある。

　一方，運転資金とは上記の現金資金からスタートし，原材料，仕掛品，製品，売掛金，受取手形等に変転していく資金を指し，日常循環を繰り返しているので運転資金という。この資金調達は，買掛金，支払手形，短期借入金等による。

　前述のようにすべての売上高が即座に現金回収され，材料購入の支払も現金で，生産も即座に完了し，在庫への投資も不要であれば，運転資金は生じないが，現実には，企業が日常の仕入・生産・販売という営業活動を円滑に続けていくために必要な資金である。

　しかし，上記の固定資金に伴うあくまで付随的な資金といえよう。

2　キャッシュフロー表の種類

　次いで，キャッシュフローを捉えるためのさまざまな表があるのでキャッシュフロー表の種類を概観しよう。

(1) 資金運用表

　まず資金運用表を理解する前提として貸借対照表を説明する。貸借対照表はキャッシュフロー把握のために必要不可欠なものであるが，これは残高表でありフロー表ではない。しかし，会社設立以来のキャッシュフロー活動の結果を現時点における資金の残高表として表示したものが貸借対照表である。左側の資産は会計の簿価ベースで見た投資の残高を示す。右側は投資のために調達した資金の内訳を示す。資産側では，主要な投資は固定資産，棚卸資産，売上債権であり調達サイドは株主資本と負債である。株主資本は株

主の払込みによる払込資本と投資活動の結果得られた税引後利益の社内留保額累計で構成される。負債は，企業間信用による買掛金と短期借入金および長期借入金を主とする。

　この貸借対照表の増減表である資金運用表が最も大切なキャッシュフロー表である。これは，ある一定期間の資金のフローを算出するために，当該期間のスタート時点の貸借対照表残高と終了時点の残高の差額を算出するものである。増減額を出した後に更に資金の源泉別（運転資金，固定資金）に分割して，その動きを詳しく表示する。

(2) 資金繰り表（現金予算）

　次に，資金繰り表が挙げられる。これは企業が実際に日々の現金の入り払いを管理するために作成する現金収支予定表である。通常1ヶ月間を取って，月初の現金の残高，1ヶ月間の現金の入り，払い，その結果月末の現金がどうなるかということを管理する。この実際の資金繰り表の項目を整理して通常1年間の現金収支を営業収入，営業支出，投資収支，財務収支別に表示したものが，直接法によるキャッシュフロー計算書である。

(3) 資金移動表

　上述の資金繰り表は，企業の現金収支を具体的に実額をそのまま表したもので，家計簿に似ており，内部管理目的で作成される。そのため，一般に企業が，銀行など外部へ資金繰り表を提出することは少ないので，外部関係者などが，企業の公表した貸借対照表と損益計算書などを利用して，間接的に外部から推測した資金繰り表を作成することがある。この表のことを一般に資金移動表と呼んでいる。

　資金移動表は貸借対照表項目に損益計算書項目を加えれば作成できる。

(4) 連結キャッシュ・フロー計算書

正式の財務諸表として作成される。間接法・直接法それぞれによるものがあり，間接法は前記の資金運用表，直接法は資金繰り表と同じものである。

企業にとって，特に連結ベースでは間接法による作成のほうが簡単なため，直接法によるキャッシュフロー計算書の作成はほとんど見られない。

(5) キャッシュフロー分析

以上の各種のキャッシュフロー表を使用して，従来，企業内外では次のような利用がなされてきた。まず，企業内では，予算作成の一環として資金繰り表（現金予算）が作成される。

企業の倒産は，資金不足により直接引き起こされるものであるから，資金繰り表の作成と実績対比等を通じた資金管理が企業にとって最重要なものである。

次いで，貸借対照表と資金運用表を通じた企業の財務構造の分析である。企業の本源的収益力と運転資金の構造を分析し，企業の本質的なキャッシュ稼得能力を知ることとなり，企業自体にとっても外部関係者にとっても最も重要視される財務分析である。また，予想資金運用表を作成することにより，長短別の借入必要額等も特定でき，自社の財務体質の特色を知ることができる。

更に，資金移動表（間接法によるキャッシュフロー表）による企業の営業活動，投資活動，財務活動別のキャッシュフロー分析も行うこととなる。特に前述のオペレーティングキャッシュフローとフリーキャッシュフローの分析が大切である。

連結キャッシュ・フロー計算書は，正式な財務諸表であるから，これを利用して上記の分析を行うのみならず企業価値の算出にも利用されることとなる。

3　企業価値評価

株価や企業買収価額の算定に利用される企業価値評価は次の過程をとる。

(1) 割引キャッシュフロー(DCF)

　最近，キャッシュフロー分析は，前述の単なる財務分析を超えて，企業価値の評価に使用されることが多くなった。例えば，M&Aなどにおける企業の適正な株価の算定，リストラ時における事業部門の売却価額，あるいは企業価値を高めるための事業再構築計画の立案などである。
　この考え方の基礎になっているのが割引キャッシュフローすなわちDCF (Discounted Cash Flow) であり，事業が生む将来のキャッシュフローの現在価値合計を企業価値とする考え方である。
　従来の資金分析では現在のキャッシュフロー1,000万円も，1年後のそれも，5年後のそれも同価値として扱っている。預金に利息のつくことを知っている人であれば，これが経済的に不合理なことはすぐ分かる。貨幣の時間的価値を考慮したDCFが企業価値評価の原則となる。
　企業価値とは，企業が将来稼得する現金利益の現在価値合計にほかならない。これから負債を差し引いたものが株主資本価値であり，それが株式時価総額より大きければ，市場において過小評価，小さければ過大評価されている。これは設備投資の評価における正味現在価値（NPV）と同じ考え方である。正味現在価値とは，投資により得られる一連の現金利益（リターン）を，ある一定の資本コストで割り引いた現在価値の合計から設備投資額を差し引いたものを言い，これが0より大きければ投資は承認される。

(2) 資本コスト（割引率）

　また，DCF法できわめて重要なポイントは将来のキャッシュを現在価値へ引き戻す割引率についての理解である。この割引率は資本コストと言われ，資本の提供者，即ち銀行及び株主が資金提供の代償として要求するリターンのことを言っている。一つの例として利益留保を考えてみると，利益留保で調達される自己資本については，資本コストゼロ，すなわち無原価資金であるとさえ言われている。たとえば，利益留保により調達された自己資本については配当の支払がないので，資本コストはゼロと理解されることが多い。しかしこれは，株主が税引後利益を配当として受け取る代わりに利益留保という名前で企業へ再投資したわけであるから，企業がこの資金を有利な投資に振り向けることにより，企業価値の増加を図ってくれることを期待している。企業が利益留保を有利な投資へ振り向けることができないのであれば，株主はその分を配当で受け取り，自分で当該企業とは別の投資（例えば国債投資）を行ったほうがよいということになる。結論から言うと資本コストとは資本提供者が企業の行う設備投資に対して要求する最低必要利回りと言える。

(3) 事業用資産価値と非事業用資産価値

　企業価値を評価する時には，まず事業に参画している資産の価値をまず求める。これは，主として設備投資と運転資本（ネット）が中心となる。
　これに金融資産などの非事業用資産を合算すると，企業の資産価値が分かる。これを企業価値といっている。ここから，負債を差し引いたものが，株主資本価値となる。
　以下においては，まず，キャッシュフローの概要，キャッシュフロー分析のケーススタディ，次いでDCF法と企業価値評価を説明し，その後DCF

法に関連した応用研究へと移る。具体的には資金運用表，資金繰り表・資金移動表，連結キャッシュ・フロー計算書，リストラクチャリングとキャッシュフロー，DCF法，設備投資の経済性計算，資本コスト，企業価値評価，株価評価，不動産の収益還元評価，プロジェクト・ファイナンスを説明する。

第2章

資金運用表の意義とその分析

　キャッシュフロー表の中で最も重要でかつ基本的なものは資金運用表である。ここでは作成方法とそれを利用した分析を説明する。

　資金運用表とは，一言で言えば一定期間の貸借対照表の増減表であり，その期間の財政状態の変化を示している。資金運用表を理解するためには，貸借対照表を理解する必要があるので，まず貸借対照表の説明から始めよう。

1　貸借対照表の意味と分析

　貸借対照表は，企業のある時点での資金調達と運用の残高を表している。言い換えれば資金調達と運用（投資）の残高表である。

　貸借対照表の検討は運転資金と固定資金に分けて行う。

(1) 運転資金の検討

　運転資金とは，企業が日常の仕入・生産・販売という営業活動をスムーズに続けていくために必要な資金であり，運転資金の調達という観点からは，所要運転資金（運転資金必要額）の把握が大切である。この所要運転資金は運転資金不足額を指し，営業循環を円滑に行うために必要とされる資金調達額であり，短期借入金および割引手形などによってまかなわれる。
　所要運転資金は，貸借対照表上の科目から，次の式により算出することができる。

　　所要運転資金＝売上債権（売掛金＋受取手形）＋在庫－買入債務（買掛金
　　　　　　　　＋支払手形）

　受取手形には割引手形を加えることを忘れてはならない。なぜならば，本来の販売条件であれば割引を行う前の受取手形の残高を企業は保有しており，その後資金調達上の理由により，保有受取手形を割引に持ち込んだものだからである。
　所要運転資金は，原材料，製品など在庫の滞留期間，売掛・買掛の期間，手形のサイトなどの販売・仕入条件によって決まってくる。また，売上が増加した場合は，収入と支出の差額も大きくなるため，所要運転資金が増加する。
　所要運転資金の把握は，次のように回転期間で行うのがよい。回転期間とは，各勘定科目の残高が平均月商の何ヶ月分に相当するかを示すものであるから，それぞれの残高は（平均月商×回転期間）で表すことができる。

　　所要運転資金＝（平均月商×売上債権回転期間）＋（平均月商×在庫回転期間）
　　　　　　　　－（平均月商×買入債務回転期間）
　　　　　　　＝平均月商×（売上債権回転期間＋在庫回転期間－買入債務回転期間）

この式を使って，一般的には，「所要運転資金は月商の３ヶ月分必要とする」といった言い方で捉える。なお，増加運転資金とは，売上高の増加などによって生じる所要運転資金の増加額をいう。例えば，前期末の所要運転資金額が15億円，当期末の所要運転資金額が17億円であれば，その差額の２億円が当期中の増加運転資金となる。この金額は，フローベースであり，この期間中に運転資金が不足するので２億円を借入金等で資金調達する必要があるということを意味する。

　なお，この勘定科目残高から算出された各回転期間は平均滞留期間を表しており，実際の回収条件，仕入条件，在庫期間を反映している。これらの結果，運転資金が不足し，資金の調達が必要となるのは，売上高が伸びた時，在庫期間が長期化した時，回収期間が延長された時，支払期間が短縮化された時のいずれかになる。

　所要運転資金のチェック方法としては，次の通り行う。

　まず所要運転資金の金額を把握する。その企業の所要運転資金と回転期間を計算し，運転資金をどの程度必要とする体質か把握する。

　次いで回転期間の変化がないか検討する。例えば，在庫の回転期間が長くなると，所要運転資金は売上規模が同じでも増加する。

　更に所要運転資金残高と短期借入金残高を比較する。所要運転資金の残高より短期借入金と割引手形残高合計の方が大きければ，それは必要な運転資金以上のものを借りていることを意味するので，調達構造が不適正なことがある。

(2) 固定資金の検討

　固定資金については資金が投下されて長期間固定されるので返済期間の長い長期負債（長期借入金および社債）あるいは返済不要な資本勘定（株主資本）で調達を行う必要がある。

そこで、まず資本勘定のみで固定資産を賄っているか（固定比率が100％以下か）、もしそうでなければ、長期負債と資本勘定で固定資産を賄っているか（固定長期適合率が100％以下か）見ればよい。

次いで、固定資金がうまく回転しているか検討する必要がある。即ち、固定資産への投資から生じる現金ベースの利益（通称キャッシュフロー）で投下資本をスムーズに回収できているか次の式を使って計算する。借入の償還年限を計算する場合など固めに計算する時は、キャッシュフローは原則として「税引後利益＋減価償却費－社外分配」で計算することが多い。

固定資産投資回収期間(年)＝固定資産残高／年当たりのキャッシュフロー

さらに固定資産投資のために調達された長期借入金などの償還年限を次の式で計算する。

要償還債務償還年限(年)＝長期負債残高／年当たりキャッシュフロー

例えば、長期借入金の約定返済年限が5年の時に、上記の式で計算した要償還債務償還年限が8年であれば、固定資金はうまく回転していないので、リスケジューリングが必要とされる。

固定資金のキャッシュフローにつき例を使って再度説明しよう（図表2-1）。
今（0時点で）、設備投資100億円（耐用年数5年）を実施する。すると、

図表2-1　キャッシュフロー表

(単位：億円)

	0	1	2	3	4	5	計
設備投資	△100						△100
売上		(150)	(150)	(150)	(150)	(150)	(750)
現金費用		(△120)	(△120)	(△120)	(△120)	(△120)	(△600)
現金利益		30	30	30	30	30	150
減価償却費		(△20)	(△20)	(△20)	(△20)	(△20)	(△100)
会計上の利益		10	10	10	10	10	50
CF累計	△100	△70	△40	△10	20	50	50

この投資により，1期目より毎年売上高が150億円得られる一方，現金費用として120億円流出する。なお，ここでは運転資金を無視して，すべての売上高は現金で回収され，購入の支払いもすべて現金，製品も即座に生産される。また設備投資についても即座に完成するものとする。ここでキャッシュフロー表は図表2-1の通りとなる。

このように固定資金の骨格は，設備投資に対するキャッシュ・アウトフローと，その後投資効果として，投資の耐用年数にわたって生ずる現金利益のキャッシュ・インフローにより形成されている。

ここで会計上の利益から現金ベースの利益（現金利益）を求める方法を考えてみよう。会計上の利益は，売上高から現金費用と減価償却費等の非現金費用の合計を差し引いて求められる。減価償却費は，設備投資額の発生主義による期間配分費用として投資の存続期間にわたって毎期計上されるものであり，現金の流出がない非現金費用である。従って，現金利益−減価償却費＝会計上の利益であるから，現金利益＝会計上の利益＋減価償却費となる。

ここでは，現金利益30億円から減価償却費20億円を差し引いて10億円の会計上の利益が求められるので，現金利益30億円は，会計上の利益10億円に減価償却費20億円をプラスしたものである。これは，現金利益を求める方法としてもっとも一般的に利用されている。

2　資金運用表の意味

貸借対照表は，ある時点での資金の調達と運用のバランスを見るものである。資産の部は，企業が資金をどのような形で運用し何に投資をしているかを，一方，負債と資本の部は，企業が投資をするために必要な資金をどこか

ら調達しているかを示したものである。

　投資の主要なものとしては，販売先に対する売上代金の貸しとしての売上債権（売掛金，受取手形）や，在庫に対する投資としての棚卸資産，および企業の収益を稼ぎ出す資産としての設備資産（有形固定資産）がある。

　一方，調達先としては，仕入先からの仕入代金の借りとしての買入債務（買掛金，支払手形）や，銀行からの借入金（短期借入金，長期借入金）・社債，および株主の持分である資本（資本金，利益剰余金など）がある。株主資本については，株主の株式払込金（資本金，資本準備金）と利益留保（利益準備金，利益剰余金）に分けて把握することが大切である。

　これにより，企業の大体の資金状況は残高ベースで判断できる。しかし，ある特定期間内に資金をどこから調達し，どこに投資したかという資金の動き（フローベース）は，資金運用表を作成しなければ分からない。

　資金運用表とは前期と当期の貸借対照表の増減を計算し，また，その期間内の利益，および税金・配当金などの利益処分状況も取り込んでその間の資金の動きを分析するものである。

3　資金運用表の種類（現金資金運用表の重要性）

　資金運用表は，貸借対照表（資金の残高表）の差額表であるから資金のフロー表として捉えることができる。しかしここでいう資金については様々な論議があり，そのため資金運用表についても多くの形式があり，混乱を招いている。例えば，アントンは資金の概念として流動資産，運転資本，当座資産及び現金を挙げ，それぞれの資金計算書を作成している。

　ここでは資金を現金及び現金等価物，即ちキャッシュと考えるべきだという考えに基づき，現金資金運用表を採用したい。

まず従来日本でよく利用されてきた運転資金運用表を取り上げて，これがキャッシュフロー表としては不適切なものであることを説明し，その後現金資金運用表へ移りたい。

　この運転資金を資金とした資金運用表は図表2-2の通りである。この場合，流動資産から流動負債を控除した正味運転資本をもって資金としている。即ち，原則として1年以内に現金となる流動資産から，原則1年以内に現金で返済すべき債務である流動負債を差し引いた正味運転資本は，原則として1年以内に手許に残る支払手段としての現金を意味している。

　従って，正味運転資本が増加すれば資金が増え，減少すれば資金ポジションが悪化するという考えである。この正味運転資本の増減に影響を与えるのは，固定資産，資本勘定，固定負債の増減である。

　この正味運転資本の考え方は，流動比率の考え方と同じものである。貸借対照表の流動資産が流動負債より大きく，正味運転資本がプラスであれば1年以内にキャッシュが生ずるので流動性があるという考え方であり，正味運転資本の増加率が流動負債のそれより大きければ（即ち流動比率が向上すれば），流動性が向上したということになる。

　しかし，この考え方は将来実現する現金収支と現在の現金を混同している。例えば，在庫増は販売実現後の将来の現金収入増の可能性を示してはいるが，現在の現金ではない。むしろ在庫増により現時点では現金支出がより増加したのであり，現在の資金繰り圧迫要因である。

　売掛金は，既に販売活動を終えているので在庫よりは現金の回収に近いところにはあるものの，売掛金の増加は現金収入の遅れを示すので現時点における現金収入ではなく，反対に現金支出を意味する。

　これを混同し，例えば在庫増などによる大幅な正味運転資本増を現金増と解釈し，現金を浪費するとたちまち資金繰りに行き詰まることになる。このため，正味運転資本を資金とする考え方や流動比率の大小で流動性を判断する考え方は，理論的にも実務的にも不適切なものである。

図表2-2　運転資金運用表・運転資本明細表

運転資金運用表　　　　　　　　　　　　　　　　　　　　　　　（単位：百万円）

自平成16年4月1日　　至平成17年3月31日

資金の源泉：			
当期営業活動より：			
当期利益		252	
減価償却費	100		
有価証券売却損	30	130	382
増資			1,200
有価証券売却			70
			1,652
資金の使途：			
設備投資		900	
法人税支払		72	
配当金支払		100	1,072
運転資本の増加			580

運転資本明細表　　　　　　　　　　　　　　　　　　　　　　　（単位：百万円）

	平成16年3月31日	平成17年3月31日	運転資本増加	運転資本減少
流動資産：				
現金	200	500	300	
当座預金	400	640	240	
受取手形	300	320	20	
売掛金	270	516	246	
商品	900	1,240	340	
前払費用	20	10		10
未収金	10	14	4	
	2,100	3,240		
流動負債：				
支払手形	100	160		60
買掛金	200	340		140
短期買入金	200	100	100	
未払金		400		400
未払費用	110	160		50
貸倒引当金	10	20		10
	620	1,180		
運転資本	1,480	2,060		
運転資本の増加				580
			1,250	1,250

4 現金資金運用表の作成と分析

(1) 現金資金運用表の作成方法

そこで，現金資金運用表をもって，キャッシュフロー表の最も本源的なものとする。以下ケースに即しながら，その作成方法と分析を見ていきたい。

図表2-3の資料をもとに具体的な資金運用表の作成方法を見てみる。ここでは，精算表を用いずに簡便法で修正を行う。

資金運用表は，基本的には貸借対照表の当期期末残高と，前期末残高の純増減をまず計算し，それを運転資金・固定資金・財務の三区分で表示し最終的に現金の増減を示すものである。貸借対照表の増減表に若干の修正を行う

図表2-3 カスクーラン社資料

(単位:百万円)

資産	前期	当期	負債・資本	前期	当期
現金預金	205	166	支払手形	451	478
受取手形	291	351	買掛金	225	239
売掛金	127	175	短期借入金	80	229
貸倒引当金	-4	-5	未払法人税等	9	9
棚卸資産	141	165	長期借入金	128	146
固定資産	280	403	資本金	50	50
			利益剰余金	97	104
合計	1,040	1,255	合計	1,040	1,255

(付属資料)

①	前期	当期
売上高	1,711	2,061
税引前利益	24	32
法人税等	12	16
株主配当金	9	8
減価償却費	16	17
割引手形期末残高	227	325

②当期には上記の他、次の処理を行った。
　機械売却　簿価　7、売却価格　5

ことにより，資金の調達・使途を明らかにできる。

①貸借対照表の増減表を作成する

まず図表2-4の通り貸借対照表の増減表を作成する。

図表2-4　貸借対照表増減表（前期末～当期末）

(単位：百万円)

現金預金	-39	支払手形	27
受取手形（含割手）	158	買掛金	14
売掛金	48	割引手形	98
貸倒引当金	-1	短期借入金	149
棚卸資産	24	未払法人税等	0
固定資産	123	長期借入金	18
		利益剰余金	7
	313		313

そのまえに貸借対照表の脚注に表示されている割引手形につき次の修正をしておく。資産側の前期末・当期末受取手形残高に脚注の前期末・当期末割引手形残をそれぞれ加える。また，負債側に割引手形の項目を作りそこに脚注の前期末・当期末割引手形残を記入し，当期末残高と前期末残高の増減を出す（下記の通り）。

	(修正前)			(修正後)				
	前期	当期		前期	当期		前期	当期
受取手形	291	351	→ 受取手形	518	676	割引手形	227	325
(注)割引手形	227	325						

このようにして得られた増減表は最も簡単な資金運用表であり，これからも大体の資金の流れが分かる。

②損益計算書・利益処分等の資料より①を修正する（図表2-5）

修正の最大の目的は現金利益を算出することである。

図表 2－5　貸借対照表増減表（修正後）

（単位：百万円）

現金預金	-39	支払手形	27
受取手形（含割手）	158	買掛金	14
		割引手形	98
売掛金	48	短期借入金	149
貸倒引当金	-1	二．未払法人税等	0
棚卸資産	24	長期借入金	18
固定資産	123	ハ．利益剰余金	7
イ．	17		
ロ．	7	イ．減価償却費	17
配当金　ハ．	9	ロ．売却代金	5
税金支払　二．	16	売却損	2
		税引前当期利益	32
		ハ．当期利益	16
		二．当期法人税	16
	313		313

（イ）固定資金，繰延資産等の貸借対照表上の金額は，それぞれ減価償却費や繰延資産償却の減価が行われたあとの金額が表示されているので，実際の投資額を知るためには，前述の増減額に減価額を繰り戻して考える必要がある。下記のように増減額を運用額と調達額に分解して表示する。

（当期末有形固定資産＝前期末有形固定資産＋当期設備投資額－減価償却費）

　当期末有形固定資産－前期末有形固定資産＝当期設備投資額－減価償却費

　　　　（貸借対照表の増減）　　　　　　　（運用）　　　（調達）

（ロ）なお，固定資産売却などがあった場合には，売却物件の簿価を固定資産の運用額に加え，売却代金を調達に両建加算し，売却益があれば会計上の利益から控除，売却損があれば会計上の利益に加える。売却損は減価償却費と同様に資金流出を招かない費用である。例えば，固定資産（簿価７百万円）を５百万円で売却し，売却損２百万円となった場合は，運用に固定資産

7百万円を,調達に固定資産売却代金5百万円と固定資産売却損2百万円を表示すればよい。

(ハ) 次いで利益処分により支払われたものを修正する。前期末の残高から当期末にかけての利益剰余金(利益準備金も含める)の増加額は,当期利益から,当期中に現金で支払った配当を控除したものである。従って,これを現実の流れに即し,運用側に配当支払として計上し,一方,調達側に当期の税引後利益を計上する。この関係は,次の式により示される。なお,この利益剰余金には,利益準備金も含めて計算することが大切である。

(当期末利益剰余金=前期末利益剰余金-配当(当期中支払)
　　　　　　+当期税引後利益)
当期末利益剰余金-前期末利益剰余金=当期税引後利益-配当(当期中支払)
　　　(貸借対照表の増減)　　　　　　(調達)　　　　(運用)

なお,社外分配には,前期決算処分の配当,もし当期中に中間配当を実行した場合は,当期の中間配当が含まれる。

(ニ) また税金については次のような式となる。

(当期末未払法人税等=前期末未払法人税等-当期税金支払額+当期法人税等)
当期末未払法人税等-前期末未払法人税等=当期法人税等-当期税金支払額
　　　(貸借対照表の増減)　　　　　　(調達)　　　　(運用)

当期の法人税等はP/Lから得られるので,この式を利用して当期税金支払額を求める。この税金支払には,前期末未払税と,もし当期に中間納税を行った場合は,中間納税も含まれる。

以上の（ハ）と（ニ）で得られた当期税引後利益と当期法人税等を合算して，資金運用表では当期税引前利益として表記した方が分かりやすい。

　これらの修正作業は，減価償却費や引当金増など損益計算書上は費用として引き落とされているが現金支出を生じないもの，例えば固定資金に関連する減価償却費，退職給与引当金（増加額）などを調整することを目的としている。これは会計上の利益から現金利益（通称キャッシュフロー）を得るための修正である。

①修正した増減表を資金の源泉別に運転資金と固定資金に二分する（二分法）。また，マイナスとなった項目については，反対側に移しプラス表記する（図表2-6）。

図表2-6　資金運用表（二分法）

（単位：百万円）

	運用		調達	
運転	受取手形増	158	支払手形増	27
	売掛金増	48	買掛金増	14
	棚卸資産増	24	割引手形増	98
			短期借入金増	149
	（運転資金余剰）	97	現金預金減	39
固定	税金支払	16	税引前当期利益	32
	配当金支払	9	減価償却費	17
	設備投資	147	貸倒引当金	1
			固定資産売却損	2
			固定資産売却代金	5
			長期借入金	18
			（固定資金不足）	97

②運転資金・固定資金・財務の三区分で表記する（三分法）。

　さらに，上記①の二分法から，資金調整項目（借入金，社債，増資，現預金）を取り出し財務として表記することにより，運転，固定資金及び財務活動をより明瞭に把握できる（図表2-7）。

図表2−7　資金運用表（三分法）

(単位：百万円)

区分	運用		調達	
運転	受取手形増	158	支払手形増	27
	売掛金増	48	買掛金増	14
	棚卸資産増	24		
			(運転資金不足	189)
固定	税金支払	16	税引前当期利益	32
	配当金支払	9	減価償却費	17
	設備投資	147	貸倒引当金	1
			固定資産売却損	2
			(税引前現金利益	52)
			固定資産売却代金	5
			(固定資金不足	115)
財務	(運転資金不足	189)	割引手形増	98
	(固定資金不足	115)	短期借入金増	149
			長期借入金増	18
			現金預金減	39

（2）現金資金運用表の分析

　この資金運用表についてコメントすると，固定資金面では，税引前の償却前引当前利益が52百万円ある。即ち，税引前当期利益32に減価償却費17，貸倒引当増1，固定資産売却損2の合計が税引前の現金利益である。ここから決算支出（税金，社外分配）25を控除したキャッシュフローは27となる。社外分配後のキャッシュフローが27しかないにもかかわらず，147の設備投資を行ったため固定資金が115百万円と大きく不足した。なお，固定資産売却代金は，マイナスの設備投資として考えられる。基本的には収益力の低さが目立つ。

　一方，運転資金面では売上債権の大幅増（206）にもかかわらず，買入債務が少額（41）しか増えず，アンバランスが目立つ。その結果運転資金不足（増加運転資金）が189百万円にも及んだ。

　次いで財務面をみると運転資金は，割手と短期借入金で賄っており，58余

剰が生じた。一方，固定資金については，長期借入金は微増となっているため，運転資金調達の余剰を固定資金へ回し，さらに現預金の取崩まで行っており資金調達構造の安定性を欠く。

なお，長期借入金の返済額が分かっている時は，新規調達額と返済額をそれぞれ明示し，上記の社外分配後のキャッシュフローで，まず長期借入金の返済額を十分賄えるかチェックする必要がある。

運転資金につき回転期間を用いて更に詳しく分析すると図表2-8のようになる。ここから明らかなように売上債権の回転期間が0.4ヶ月延長したにもかかわらず，買入債務のそれが0.6ヶ月短縮し，全体で約1ヶ月所要運転資金の回転期間がのびている。当社の信用状態に大きな変化があったことが明らかである。

ちなみに，運転資金不足額を売上増によるものと，条件変化によるものに要因別に分けて把握すると次の通りとなる。

$$\underset{\substack{\uparrow \\ \text{売上高増加分による} \\ \text{増加運転資金22}}}{(172-143) \times 0.77} + \underset{\substack{\uparrow \\ \text{条件変更による} \\ \text{増加運転資金167}}}{172 \times (1.74-0.77)} = 189$$

図表 2-8　回転期間による運転資金分析

	前期（月商143）		当期（月商172）		増減	
	残高	回転期間	残高	回転期間	残高	回転期間
受取手形	518	3.62ヶ月	676	3.93ヶ月	158	0.31ヶ月
売掛金	127	0.89	175	1.01	48	0.12
棚卸資産	141	0.98	165	0.95	24	-0.03
支払手形	451	3.15	478	2.77	27	-0.38
買掛金	225	1.57	239	1.38	14	-0.19
所要運転資金	110	0.77	299	1.74	189	0.97

↑
増加運転資金

次いで固定資金分析を行うと次のようになる。

固定資金については，現金ベースの利益により固定資産投資が順調に回収されているか否かという点がポイントとなる。そのため，投資の回収年限と長期借入金の返済年限を算出する。投資の回収に約11年も要し，固定資金のフローが停滞していることが明らかである。長期借入金の償還年限が投資の回収年限に較べかなり短くなっているのは，短期借入金が固定資金に使用されており，実質的な長期借入金は多い。

$$投資回収年限 = \frac{固定資金}{税引後現金利益} = \frac{403}{36} ≒ 11.2年$$

$$長期借入金償還年限 = \frac{長期借入金}{税引後配当後現金利益}$$
$$= \frac{146}{(32+2+17+1)-(16+9)} ≒ 5.4年$$

第3章

資金繰り表と資金移動表の意義とその分析

　資金繰り表は企業内における現金の管理表として企業実務において最も重要なものである。一方，外部から間接的に作成された資金移動表は，銀行などの与信機関や格付け機関からキャッシュフロー分析上重要視されている。

1　資金繰り表

(1) 資金繰り表とは

　企業における現金資金の管理は通常キャッシュフロー表の一つである資金繰り表でなされる。将来の一定期間における現金収支を予測し，その収支が過不足ないように調整し，もし現金が不足する時はその調達を考慮する。もし資金が余剰になると預貯金等への運用を検討する。これは，通常1ヶ月間をとって，月初の現金資金の残高，1ヶ月間の現金資金の入り，同払い，その結果月末の現金資金がどうなるかということを管理するものである。従って，現金収支計画表であり，現金予算とも言われる。
　その代表的な形式は図表3-1，3-2の通りである。

企業は，現金資金が1日でも不足すると倒産に至るので，経営者にとって，短期的には最も配慮すべきものであるから，現金資金がマイナスにならないように日繰りを毎日行い，管理し，その積み重ねが月間の資金繰りとなる。

　資金繰り表は，発生時点を含めすべての現金収支を極めて厳密に把握しなければならない。例えば，支払手形の期日を失念して現金不足となり，決済ができなければ倒産の事態を招きかねないからである。従って作成にあたっては，特に短期的に，十分な注意を払う必要がある。

図表3－1　資金繰り表（予定・実績）

項目			月		月		月	
			予定	実績	予定	実績	予定	実績
前月繰越								
収入	売上代金	現金売上						
		売掛金回収						
		手形期日落						
		手形割引						
	前受金							
	雑収入							
	収入合計							
支出	仕入代金	現金仕入						
		買掛金支払						
		手形決済						
	賃金給料							
	諸経費							
	前渡金							
	支出合計							
差引過不足（A－B）								
財務	借入金返済							
	借入金							
翌月繰越								
売上高								
仕入高								
月末残高	受取手形							
	売掛金							
	棚卸高							
	支払手形							
	買掛金							

図表 3-2　資金繰り表

項目＼月次	月	月	月	月	月
Ⅰ 経常収支					
収入					
売上収入					
現　金　売　上					
売　掛　金　入　金					
前　受　金　入　金					
受取手形期日入金					
（割引手形期日を含める）					
（受取手形回収）	( )	( )	( )	( )	( )
営業外収益の収入					
収入合計					
支出					
原材料現金仕入					
買　掛　金　支　払					
支払手形期日支払					
（支払手形振出）	( )	( )	( )	( )	( )
人　件　費　支　払					
その他諸経費支払					
支払利息割引料					
支出合計					
差引収支過不足					
Ⅱ 設備などの収支					
収入					
固定資産売却収入					
そ　　の　　他　　収　　入					
収入合計					
支出					
設　備　代　金　支　払					
法　人　税　等　の　支　払					
配　当　金　支　払					
役　員　賞　与　金　支　払					
そ　　の　　他　　支　　払					
支出合計					
差引収支過不足					
Ⅲ 財務収支					
収入					
増　　資　　収　　入					
借　入　金　収　入					
社　　　　　　　　債					
長　　期　　借　　入　　金					
短　　期　　借　　入　　金					
割　　引　　手　　形					
収入合計					
支出					
借　入　金　返　済					
社　債　償　還　支　払					
長　　期　　借　　入　　金					
短　　期　　借　　入　　金					
割　　引　　手　　形					
支出合計					
差引収支過不足					
収支過不足合計					
月初現金預金					
次月繰越現金預金					

(2) 資金繰り表の形式及び作成

　資金繰り表の形式は様々なものがある。現金予算のみを表示するものもあり，予算と実績を比較対照できるようにしたものもある。
　資金繰り表は，年間，半年間，4半期，月間，日々のベースで作成される。毎日の資金繰り表は日繰り表と言われる。一般に売掛金や買掛金の決済や賃金その他費用の支払は月別に行われるから，月次資金繰り表が最も基本的なものとなっている。
　資金繰り表の現金収支区分についてであるが，P/Lの営業収支，営業外収支に対応する営業現金収支と営業外現金収支を併せたものを経常収支といい最も重要な資金を表示する。損益計算書は，ある期間の営業活動を収益と費用の発生主義に基づいて表示するが，資金繰り表は，この間の営業活動を現金収入と支出の立場から集計したものである。
　ついで，設備投資と決算支出を併せた設備・決算収支，それらの収支を調整する財務収支の区分が望ましい。
　なお，受取手形を銀行で割り引く時は，資金管理上，割引手形は短期借入金同様に扱うべきである。受取手形を銀行で割り引いたときは，現金収入（財務収入）となり，また割引いた手形の期日が到来し，その手形が決済された時は現金支出（財務支出）となる。
　また，その割引手形が期日に割引銀行より取り立てに回り，決済される時には，受取手形の期日決済と同じことで販売代金が回収されたことになるから，受取手形期日入金として売上収入に含める（割手落ちに対応する）。
　図表3-2は，以上の二点を折り込んでおり資金分析上は最も望ましい形式と言えよう。
　なお，資金繰り表の作成は現実の企業においては，原則として基礎データを各部門から提出させ，これを積み上げることにより作成している。
　まず，売上の予測から，回収条件を考慮して，売上の現金回収を見込む。

次いで，商品，材料の購入計画に基づいて現金支払いを予測する。

その他，人件費，経費，設備購入，税金，配当等の支出を見込み，各月の現金収支尻を計画する。また，常時保有すべき現金残高を決め，上記の収支尻と比較し，不足する場合は，借入金等の資金調達を計画する。

資金繰り表の第一の目的は，現金が不足しないように適切な現金管理を行うことにあるが，財務分析にもきわめて有効な機能を有するので，これについても触れておこう。

通常金融機関に提出される資金繰り表は，収入が支出より大きくなっており，問題ないように見えるが，それが本当に企業経営の実態を反映しているかどうかを見極める必要がある。そのためには，毎月の資金繰り表を徴求して，実績と計画の違いをチェックすることが肝要である。倒産企業の資金繰り表（計画）を見ても，一見したところ問題はなさそうに見えることが多い。さらに，資金繰り表を貸借対照表，損益計算書，資金運用表とともに，総合的に判断せねばならない。即ち資金運用表を作成してチェックすることが大切である。資金繰り表は日々の現金の動きが記載されるが，資金の過不足がどこから生じるかわからないので，運転面と固定面の資金に分けて検討する必要があり，そのためには資金運用表への組み替えが不可欠である。第三点としては，資金繰り表の経常収支尻と経常収支比率を検討する。これらについては，後述のケースで詳細に見ていく。

2　資金移動表

(1) 資金移動表とは

資金繰り表は，前述のように企業の日々あるいは月々の現金収支を具体的

図表３－３　資金移動表

(単位：百万円)

区分	項目	金額
	期首現預金	150
経常収支	売上高	3,820
	売上債権（含割手）増	△20
	前受金増	-
	（収入計）	(3,800)
	総費用	△3,600
	うち減価償却費	70
	棚卸資産増	△80
	買入債務増	70
	その他	10
	（支出計）	(△3,530)
	計（A）	270
内訳	損益要因	290
	運転資金要因	△20
決算・設備	税金・配当金・役員賞与	△180
	設備投資	△230
	その他	-
	計（B）	△410
財務収支	短期借入金増	50
	割引手形増	-
	長期借入金増	20
	（借入金増減　計）	(70)
	社債増	-
	増資	-
	計（C）	70
合計（A＋B＋C＝現預金増）		△70
期末現預金		80

に表したもので，家計簿に似ている。しかし，一般に企業が，銀行などへ実際に使用している資金繰り表を提出することは少ない。そこで，企業の公表した貸借対照表と損益計算書などを利用して，間接的に資金繰り表を作成することがある。この表のことを一般に資金移動表と呼んでおり，図表3-3の通りである。

　資金移動表は貸借対照表項目に損益計算書項目を加えることで作成できる。最も大切な売上現金収入と営業支出の算出式をまず記しておく。

売上収入（営業収入）＝期首売上債権＋売上高－期末売上債権
・期末売上債権が期首より多い場合
 売上収入＝売上高－売上債権増加
・前受金がある場合
 売上収入＝売上高－売上債権増加＋前受金増加
営業支出＝売上原価＋棚卸資産増加＋販管費－買入債務増加－減価償却費

　ここで，前述の資金運用表作成例に使用したカスクーラン社の例を使って資金移動表を作成してみよう。

　既にB/SとP/Lから三分法の資金運用表（図表3-4）が作成できている。これを加工して資金移動表（図表3-5）を作成する。資金運用表は，資金の残高表としてのB/Sの増減表であるから，期首と期末の増減となっているためその途中の資金の入り払いは無視されており，このため，現金資金の実際の入り払いの額は把握できない。そこで，実際の資金の入り払いを推定するため，利益（ここでは，税引前利益）を売上高と総費用に分解する。即ち

図表 3－4　資金運用表（三分法）

（単位：百万円）

	運用		調達	
運転	受取手形増	158	支払手形増	27
	売掛金増	48	買掛金増	14
	棚卸資産増	24		
			（運転資金不足	189）
固定	税金支払	16	税引前当期利益	32
	配当金支払	9	減価償却費	17
	設備投資	147	貸倒引当金	1
			固定資産売却損	2
			固定資産売却代金	5
			（固定資金不足	115）
財務	（運転資金不足	189）	割引手形増	98
	（固定資金不足	115）	短期借入金増	149
			長期借入金増	18
			現金預金減	39

図表3-5　資金移動表

(単位:百万円)

	期首現預金	205
経常収支	売上高	2,061
	売上債権増	△206
	(収入計)	(1,855)
	総費用	△2,029
	減価償却費外	20
	棚卸資産増	△24
	買入債務増	41
	(支出計)	(△1,992)
	計(A)	△137
内訳	損益要因	52
	運転資金要因	△189
決算・設備	税金・配当金	△25
	設備投資	△147
	固定資産売却代金	5
	計(B)	△167
財務収支	割引手形増	98
	短期借入金増	149
	長期借入金増	18
	計(C)	265
	合計(A+B+C=現預金増)	△39
	期末現預金	166

・経常収支　　△137

・経常収支比率 $= \dfrac{収入}{支出} = \dfrac{1,885}{1,992} \times 100 = 93.1\%$

32(利益) = 2,061(売上高) - 2,029(総費用)

となるので，右の調達側に売上高2,061，左の運用側に総費用2,029を記入し，税引前利益32を消す。

　その後，前述の資金移動表に沿って，組替を行う。その際，注意すべきは，右は調達であるから，キャッシュのインフロー，左は運用であるからキャッシュのアウトフローとなる。

　売上収入は，売上高から期中の売上債権増を控除して求める。この外，営業外収入も加え経常収入を求める。

経常支出（費用支出）は次のプロセスで求める。

まず，現金費用は，総費用（売上原価，販管費及び営業外費用の合計）から非現金費用（減価償却費等）を差し引いて算出する。また，棚卸資産の増加も，キャッシュの支出であるからこれを加える。その後，支払時期のズレを考慮すると，買入債務増があれば，現金費用支出がその分少なくなるので減算する。

(2) 資金移動表の見方

経常収支は企業の営業活動による資金収支を示すもので，重要なのは経常収支尻である。その中には営業収入のほかに，営業外収入も含めているので，経常収入は，売上収入を主体とした営業収入と受取利息・配当金その他営業外収入の合計となる。経常支出は原材料・商品仕入代，人件費，経費，販売費，一般管理費，支払利息・割引料支払，その他営業外支出である。経常支出は経常収入をもって賄うのが原則であり，経常収支尻はプラスでなければならない。

これを別の形で表せば次のようになる。

経常収支尻＝税引前利益＋減価償却費－増加運転資金

このうち税引前利益＋減価償却費は税引前の現金利益（通称キャッシュフロー）である。これによって賄われるべきものは法人税等の収益関係税金，社外分配金，設備投資，長期借入金返済と，さらに通常の運転資金の一部ということになろう。

しかし，経常収支尻とは，現金利益から運転資金へ充当されるキャッシュをまず差し引いたものであり，通常の企業の経常的活動が生むキャッシュである。

この式から明らかなように，資金の源泉は，現金利益と増加運転資金で構

成されている。

　原則として，経常収支尻が赤字になると，その企業の資金繰りは悪化しているので注意する必要がある。

　資金繰り上の経常収支は，前述のように，貸借対照表と損益計算書から作成可能である。まず，経常収支の構成要素である現金利益は，損益計算書から算出できる。もう一つの増加運転資金については，所要運転資金の増加額として，売上債権増加額に在庫の増加額をプラスし，買入債務の増加額を控除したものであるから，前期末と当期末の貸借対照表から作成できることとなる。従ってこれと反対のことも当然できるわけであり，資金繰り表から損益計算書と貸借対照表のラフなものを作成し，財務状況を判断することが大切である。

　もう一つのチェックポイントとして，次の経常収支比率が挙げられる。

$$経常収支比率 = \frac{経常収入}{経常支出}$$

　この比率は，少なくとも100％以上，できれば110％以上が望ましい。100％以下が2〜3期続くと深刻な資金繰り状況に陥っていることが多い。

3　資金繰り表のチェック方法（資金運用表に組み替え）

　資金繰り表を財務分析や企業評価に使用する時に重要なことは，これを資金運用表に組み替えて，現金の過不足の原因を固定，運転別に分析することである。ここでは，前述のB/SとP/Lから資金運用表を作成し，それを資金移動表に組み替えた手法を利用し，その反対のことを行う。即ち，資金繰り表から資金運用表を作成する。まず，次の式が成立することを理解してお

こう。以下の式は，主要運転資金項目のB/S残高と資金繰り表を結びつけるため利用される。

①手持受取手形の前月末残高＋手形受取高－手形期日取立－手形割引高
　＝手持受取手形の当月末残高
　　（注）手持受取手形の残高には，割引手形を含まない。
②売掛金の前月末残高＋売上高－現金回収－手形受取高
　＝売掛金の当月末残高
　　（注）現金回収＝現金売上＋売掛金現金回収
③割引手形の前月末残高＋手形割引高－割引手形決済高
　＝割引手形の当月末残高
④支払手形の前月末残高＋手形支払高（発行高）－支払手形決済高
　＝支払手形の当月末残高
⑤買掛金の前月末残高＋仕入高－現金支払高－手形支払高（発行高）
　＝買掛金の当月末残高
　　（注）現金支払＝現金仕入高＋買掛金現金支払高

　手形期日取立とは，手持の受取手形のうちで期日が到来し，現金化されたものをいう。
　割引手形決済高（落込み）とは，銀行で割り引かれている手形残高のなかで，手形期日が到来したものであり，もし，銀行へ割引のため持ち込まれていなければ，上記の手形期日に取立になったものである。
　以上の知識をもとに図表3-6の資金繰り表より資金運用表（図表3-7）を作成してみる。資金繰り表は企業の資金の流れを，実際の入り払いに即して表示したものであるが，これだけでは資金の流れを源泉別に把握できない。そこで資金繰り表を資金運用表に変える方法を以下みていこう。

図表 3-6　資金繰り表

(単位：百万円)

項目			昨年 12月実績	本年 1月予定	2月予定	3月予定	4月予定	5月予定	1月～5月 合計
前月繰越金			72	72	68	56	64	76	72
収入	現金	現金売上	26	24	20	40	30	18	132
		売掛金回収	156	136	120	180	180	170	786
		雑収入	10	14	6	8	6	10	44
		受手期日取立	88	72	90	104	58	110	434
		計	280	246	236	332	274	308	1,396
	受取手形回収		164	148	144	162	162	190	806
支出	現金	支手決済	286	268	242	324	352	342	1,528
		買掛金支払	2	2	2	2	2	2	10
		賃金及び給料	24	12	12	12	12	16	64
		諸経費	30	28	20	22	24	28	122
		支払利息	4	6	4	4	4	8	26
		その他	0	6	4	0	0	0	10
		計	346	322	284	364	394	396	1,760
	支払手形発行		356	322	334	374	256	268	1,554
借入金返済			84	66	70	92	54	96	378
借入金			78	60	64	78	102	84	388
手形割引			72	78	42	54	84	92	350
(割引手形落込み)			(74)	(80)	(56)	(56)	(66)	(48)	(306)
翌月繰越金			72	68	56	64	76	68	68
仕入高			412	306	342	354	238	230	1,470
売上高			388	320	340	490	300	290	1,740

(注) 受手期日取立は手持手形のみで割当落ちは含めない

まず，損益計算書を作成する。

損益計算書

(単位：百万円)

売上高	1,740
売上原価	1,470
売上総利益	270
人件費	64
経費	122
営業利益	84
雑収入	44
支払利息	26
その他費用	10
経常利益	92

(注) 売上原価は仕入高を使っており在庫の存在は考慮されていない。
　　　経常利益92百万円は税引前償却前利益すなわち現金利益である。

次にB/Sの運転資金項目の増減を計算する。

$$\begin{cases} 手持受取手形増減 = 手形受取高 - 手形期日取立 - 割手持込 \\ \quad 22 \quad\quad\quad\quad 806 \quad\quad\quad 434 \quad\quad\quad 350 \\ \\ 割引手形増減 \quad = 割手持込 \quad - 割手落込み \\ \quad 44 \quad\quad\quad\quad\quad 350 \quad\quad\quad 306 \end{cases}$$

- 受取手形（含割手）増減
  - ＝手形受取高 － 手形期日取立 － 割手落込
  - 66　　　　806　　　　　434　　　　　306
- 売掛金増減　　　　＝売上高　　　－現金回収　　　　－手形受取高
  - 16　　　　　　　1,740　　　　（132＋786）　　　806
- 支払手形増減　　　＝手形支払高 － 支手決済高
  - 26　　　　　　　1,554　　　　 1,528
- 買掛金増減　　　　＝仕入高　　　－現金支払高　　 －手形支払高
  - △94　　　　　　1,470　　　　　10　　　　　　　1,554

以上より資金運用表を作成すると図表3-7のようになる。

これによると，現金利益は相当計上できたが，買掛金の減少により増加運転資金にすべて食われ，資金不足が生じたことを示している。

図表 3-7　資金運用表

（単位：百万円）

	運用		調達	
運転	受手増	66	支手増	26
	売掛金増	16		
	買掛金減	94		
			（運転資金不足	150）
固定			税引前償却前利益	92
	（固定資金余剰	92）		
財務	（運転資金不足	150）	（固定資金余剰	92）
			借入金増	10
			割手増	44
			現金減	4

4　資金移動表のチェック法

　平成20年3月期の荏原製作所の連結キャッシュ・フロー計算書（省略）を加工して，資金移動表を作成し，その分析をしてみよう。
　まず図表3-8のように資金運用表を作成してみる。運転資金面では在庫が減少したものの，買入債務の減少が大きく運転資金不足は73億円生じている。
　固定資金面では，税引前現金利益は60億円ときわめて低く，そこから税金を引いた税引後現金利益はわずか10億円にすぎなかったため，固定資産の売却を行い資金を捻出した。その代金643億円により，設備投資167億円と有価証券取得178億円を実行した後293億円の固定資金余剰を得た。この余剰と長期借入金により，社債の償還と短期借入金の返済を行っている。
　このように，運転資金面でも固定資金面でもきわめて資金繰りが厳しい状況である。

図表 3－8　荏原製作所　資金運用表（H20/3期）

（単位：億円）

	運用		調達	
運転	売上債権増	16	棚卸資産減	109
	買入債務減	134		
	その他	32		
			（運転資金不足）	(73)
固定	税金支払	50	税引前当期利益	336
	配当金支払	35	減価償却費	153
	設備投資	167	その他非現金項目	△429
	その他	178	（税引前現金利益）	(60)
			固定資産売却代金	643
			その他	20
	（固定資金余剰）	(293)		
財務	（運転資金不足）	(73)	（固定資金余剰）	(293)
	社債償還	141	長期借入金増	156
	短期借入金純減	199	その他（連結子会社の異動要因含む）	4
	長期借入金返済	9		
	現金増（換算差額要因含む）	31		

これを図表3-9のように資金移動表に組み替えてみると、経常収支は99.8％となる。これを分析すると税引前の現金利益は約60億円と低く、運転資金不足も生じたため経常収支比率が100％を割り、資金運用表の分析と一致する。経常収支比率は110％程度あることが望ましい。

図表3-9　荏原製作所　資金移動表（H20／3期）

（単位：億円）

区分	項目	金額
	期首現預金	661
経常収支	売上高	5,672
	売上債権増	△16
	収入計	5,656
	総費用	△5,336
	減価償却費	153
	その他非現金項目	△429
	棚卸資産減	109
	買入債務減	△134
	その他	△32
	支出計	△5,669
	計（A）	△13
	損益要因	60
	運転資金要因	△73
決算・設備	税金	△50
	配当金	△35
	設備投資	△167
	有価証券取得	△178
	固定資産売却代金	643
	その他	20
	計（B）	233
財務収支	社債償還	△141
	短期借入金純減	△199
	長期借入金増	156
	長期借入金返済	△9
	その他	4
	計（C）	△189
	合計（A+B+C=現預金増）	31
	期末現預金	692

経常収支比率＝99.8％

第4章

企業再生とキャッシュフロー
（キャッシュフロー分析事例）

　キャッシュフロー分析が企業再生時にどのように利用されているか見てみたい。

1　企業再生分析の事例

　キャッシュフロー分析の応用として，企業再建計画の評価にどうキャッシュフロー分析を生かすか，ケーススタディで見てみたい。

　ケースとしては，やや古いが平成11年3月期決算において1,000億円以上にわたる債務免除を受けた佐藤工業を例にとってみる。

　財務面から企業再生計画を分析するためには，次の手順をとる。

　①まず最初に，事業部門毎の資金バランス（B/S）を明らかにし，資産（投資）とそれに対応する資金調達を把握する。

図表4-1　佐藤工業　貸借対照表

(単位：百万円)

期別　　　　　科目		第67期 (平成10年3月31日現在)		第68期 (平成11年3月31日現在)	
		金額	構成比	金額	構成比
(資産の部)			%		%
Ⅰ 流動資産					
現金預金		37,580		50,209	
受取手形		35,248		34,280	
完成工事未収入金		128,195		78,310	
有価証券		32,717		29,581	
販売用不動産		120,179		100,248	
未成工事支出金		204,453		178,107	
不動産事業支出金		15,968		16,181	
材料貯蔵品		1,628		1,559	
短期貸付金		34,457		16,375	
前払費用		1,221		836	
未収入金		11,373		4,556	
立替金		20,804		21,557	
その他流動資産		11,454		7,775	
貸倒引当金		△2,520		△1,956	
流動資産合計		652,757	81.8	537,618	81.7
Ⅱ 固定資産					
1．有形固定資産					
建物	19,577			10,351	
減価償却費累計額	7,762	11,815		4,458	5,893
構築物	1,173			1,378	
減価償却費累計額	676	497		462	916
機械装置	10,477			10,056	
減価償却費累計額	8,946	1,531		8,764	1,292
車両運搬具	1,868			1,770	
減価償却費累計額	1,195	673		1,201	569
工具器具・備品	2,863			2,492	
減価償却費累計額	1,720	1,143		1,553	939
土地		18,696		36,147	
建設仮勘定		-		74	
有形固定資産計		34,355		45,830	
2．無形固定資産					
無形固定資産計		1,195		1,195	
3．投資等					
投資有価証券		5,729		5,706	
関係会社株式		20,085		15,520	
長期貸付金		24,183		9,213	
従業員に対する長期貸付金		405		303	
関係会社長期貸付金		19,616		2,280	
長期前払費用		594		446	
投資不動産	1,555			1,555	
減価償却費累計額	3	1,552		4	1,551
長期営業外未収入金		35,326		107,844	
破産債権・更生債権等		-		15,176	
その他投資等		10,339		9,566	
貸倒引当金		△8,249		△94,104	
投資等計		109,580		73,501	
固定資産合計		145,130	18.2	120,526	18.3
資産合計		797,887	100	658,144	100

(単位：百万円)

期別 科目	第67期 (平成10年3月31日現在) 金額	構成比	第68期 (平成11年3月31日現在) 金額	構成比
(負債の部)		%		%
Ⅰ 流動負債				
支払手形	78,238		71,690	
工事未払金	57,640		57,235	
短期借入金	343,726		268,259	
一年以内償還の社債	1,600		-	
一年以内償還の転換社債	11,942		-	
未払金	953		1,142	
未払法人税等	1,010		116	
未払事業税等	282		-	
未払費用	2,114		1,537	
未成工事受入金	176,176		154,191	
預り金	22,077		19,459	
前受収益	96		10	
完成工事補償引当金	477		341	
早期退職割増退職給与引当金	-		11,600	
債務保証損失引当金	-		5,988	
その他流動負債	2,003		1,970	
流動負債合計	698,334	87.5	593,538	90.2
Ⅱ 固定負債				
長期借入金	26,319		25,187	
退職給与引当金	11,303		10,519	
債務保証損失引当金	-		8,416	
その他固定負債	142		119	
固定負債合計	37,764	4.7	44,241	6.7
負債合計	736,098	92.3	637,779	96.9
(資本の部)				
Ⅰ 資本金	19,378	2.4	19,378	2.9
Ⅱ 資本準備金	12,134	1.5	12,134	1.8
Ⅲ 利益準備金	3,704	0.5	3,784	0.6
Ⅳ その他剰余金				
1. 任意積立金				
海外投資等損失準備金	38		31	
退職給与積立金	420		420	
固定資産圧縮積立金	3,206		1,602	
圧縮特別勘定積立金	-		1,974	
別途積立金	21,460	25,124	21,460	25,487
2. 当期未処分利益		1,449		
当期未処理損失				40,418
その他の剰余金合計		26,573	3.3	-	-
欠損金合計		-		14,931	2.3
資本合計		61,789	7.7	20,365	3.1
負債資本合計		797,887	100	658,144	100

図表4－2　佐藤工業　損益計算書

(単位：百万円)

科目	第67期 平成9年4月1日から 平成10年3月31日まで 金額	比率	第68期 平成10年4月1日から 平成11年3月31日まで 金額	比率
Ⅰ 売上高		%		%
完成工事高	504,353		402,874	
不動産事業売上高	10,093　514,446	100	1,787　404,661	100
Ⅱ 売上原価				
完成工事原価	460,532		368,743	
不動産事業売上原価	14,145　474,677	92.3	3,416　372,159	92
売上総利益				
完成工事総利益	43,821		34,131	
不動産事業等総損失	4,052　39,769	7.7	1,629　32,502	8
Ⅲ 販売費及び一般管理費				
役員報酬	516		477	
従業員給料手当	9,827		8,532	
退職金	206		475	
退職給与引当金繰入額	1,176		1,222	
法定福利費	1,289		1,102	
福利厚生費	758		284	
修繕維持費	345		273	
事務用品費	1,050		956	
通信交通費	1,545		1,371	
動力用水光熱費	222		166	
調査研究費	1,142		921	
広告宣伝費	815		441	
貸倒引当金繰入額	753		1,274	
交際費	585		470	
寄付金	172		116	
地代家賃	1,415		1,485	
減価償却費	574		331	
租税公課	420		429	
事業税等	423		－	
保険料	54		38	
雑費	2,972　26,259	5.1	2,259　22,622	5.6
営業利益	13,510	2.6	9,880	2.4
Ⅳ 営業外収益				
受取利息	1,776		618	
有価証券利息	8		3	
受取配当金	665		542	
有価証券売却益	－		3,919	
保険料	718		－	
雑収入	375　3,542	0.7	445　5,527	1.4
Ⅴ 営業外費用				
支払利息割引料	8,640		7,217	
社債利息	671		173	
貸倒引当金繰入額	119		1,314	
有価証券評価損	1,053		－	
雑支出	766　11,249	2.2	844　9,548	2.4
経常利益	5,803	1.1	5,859	1.4

(単位：百万円)

期別 科目	第67期 平成9年4月1日から 平成10年3月31日まで 金額	比率	第68期 平成10年4月1日から 平成11年3月31日まで 金額	比率
Ⅵ 特別利益		%		%
前期損益修正益	2,731		168	
固定資産売却益	7,211		3,049	
転換社債償還益	1,418		210	
債務免除益	-		110,911	
その他特別利益	284　11,644	2.3	228　114,566	28.3
Ⅶ 特別損失				
前期損益修正損	97		64	
固定資産売却損	2,691		5,974	
固定資産除却損	37		29	
有価証券評価損	2,351		1,589	
割増退職金	917		2,022	
退職給与引当金繰入額	918		1,177	
早期退職割増退職給与引当金繰入額	-		11,600	
関係会社貸倒引当金繰入額	-		34,574	
関係会社債務保証損失引当金繰入額	-		2,992	
関係会社整理損失	-		24,572	
関係会社清算損失	23		359	
関係会社撤退損失	7,125		-	
関係事業貸倒引当金繰入額	-		43,344	
開発事業債務保証損失引当金繰入額	-		11,412	
開発事業整理損失	-		6,274	
長期滞留債権貸倒引当金繰入額	-		8,773	
その他特別損失	513　14,672	2.9	5,870　160,625	39.7
税引前当期純利益	2,775	0.5	-	
税引前当期純損失	-		40,199	△9.9
法人税及び住民税	1,863	0.4	-	
法人税、住民税及び事業税	-		441	0.1
当期純利益	912	0.2	-	
当期純損失	-		40,640	△10.0
前期繰越利益	537		222	
当期未処分利益	1,449		-	
当期未処理損失	-		40,418	

②次いで，資産の精査に入り，不良資産額を明らかにすると同時に，営業循環ないし資産処分により返済可能な借入額とそうでないものを区別する。即ち，生きていない資産に充当されている借入金は，収益により返済するしか方法がないので，その借入額を把握する。

　③さらに，P/Lより企業の保有する本源的な現金稼得能力，即ち現在の現金利益の水準を算出すると同時に，そのレベルが再生計画実施後の将来どうなるか予測する。

　④上記②の不良資産に対応する借入額を上記③の現金利益で除してみて，5年程度であれば，今後の努力により一応企業として存続可能と判断できる。しかし，これが7～10年を超えてくると負担が重くなり，一部の企業では債務免除等何らかの外部支援を受けなければ自力での存続が苦しくなってくる。

　これら一連のプロセスをとって再建計画を分析することになる。

　ここでは，取りあえず佐藤工業の個別財務諸表（図表4-1，4-2）を利用する。債務免除を受ける直前期（平成10/3期）のものから進めよう。

2　キャッシュフロー分析

(1) 資金バランスの作成

　まず，当社のB/S（図表4-1）を利用して，第67期（平成10/3期）の資金バランス表を作成する。その際，業種の特性が資金の運用・調達構造を決定するので，当社の事業セグメント毎に検討する。当社は連結のセグメント情報（図表4-3）から明らかなように建設事業と不動産事業に大別されるので，B/Sから両部門に特有の項目を取り出し，残る項目は両部門に共通な本部

図表4-3　佐藤工業　事業の種類別セグメント情報

前年度会計年度（自平成9年4月1日　至平成10年3月31日）　　　　　　　　　（単位：百万円）

	建設事業	不動産事業	計	消去又は全社	連結
Ⅰ．売上高及び営業損益					
売上高					
（1）外部顧客に対する売上高	560,839	18,144	578,984	—	578,984
（2）セグメント間の内部売上高又は振替高	416	492	908	(908)	—
計	561,256	18,636	579,892	(908)	578,984
営業費用	540,769	23,566	564,335	(△1,173)	565,509
営業利益（損失）	20,486	△ 4,929	15,556	(2,082)	13,474
Ⅱ．資産、減価償却費及び資本的支出					
資産	460,134	282,308	742,442	140,832	883,275
減価償却費	1,815	869	2,684	1,072	3,757
資本的支出	4,662	17	4,640	181	4,821

当連結会計年度（自平成10年4月1日　至平成11年3月31日）　　　　　　　　（単位：百万円）

	建設事業	不動産事業	計	消去又は全社	連結
Ⅰ．売上高及び営業損益					
売上高					
（1）外部顧客に対する売上高	452,073	6,748	458,822	—	458,822
（2）セグメント間の内部売上高又は振替高	180	861	1,041	(1,041)	—
計	452,253	7,609	459,863	(1,041)	458,822
営業費用	437,148	8,299	445,448	1,280	446,729
営業利益（損失）	15,104	△ 689	14,415	(2,321)	12,093
Ⅱ．資産、減価償却費及び資本的支出					
資産	377,516	231,895	609,412	116,722	726,134
減価償却費	1,765	1,118	2,884	834	3,719
資本的支出	1,574	143	1,717	1,596	3,314

部門とする。

　まず建設部門から始める。

　建設業はあまり設備投資（有形固定資産）を必要とせず，逆に流動資産にその特色が現れる。

　一般の企業の仕掛品に対応する未成工事支出金（現在建設中の物件へ投下した資金），売掛金に対応する完成工事未収金が建設業特有のものである。

　一方，負債側では，建設工事の発注者から，工事代金の進行に応じて受け取る未成工事受入金，買掛金に対応する工事未払金が主要な資金調達であ

る。

　また，建設業者がかつて不動産事業へ積極的に進出した結果，不動産業に特有の投資も多い。つまり，販売用不動産，不動産事業等支出金などである。加えて，不動産事業開発のため，子会社や関連会社などに投融資を行ったり，それら企業の資金調達を支援する目的で保証の供与をすることも多かったので，これらも考慮する必要がある。

　また，負債側には，不動産の販売時に顧客から受け取る手付け金などの性格を持つ前受金や預り金が存在する。無理な販売をすると，前受金等はそれほど増えず借入金増を招く。

　以上のことを押さえた上で，佐藤工業のB/Sから，建設業及び不動産業に特有の科目を抜き出したのが図表4-4である。

図表4-4　佐藤工業　資金バランス表（平成10/3期）

(単位：10億円)

	運用残		調達残	
建設	完成工事未収入金	128	工事未払金	58
	未成工事支出金	204	未成工事受入金	176
	機械・工具等	3	短期借入金	101
	(小計	335)	(小計	335)
不動産	受手	35	支手	78
	販売用不動産	120	預り金	22
	不動産事業支出金	16	その他流動負債	4
	短期貸付金	34	短期借入金	243
	その他流動資産	41		
	関係会社株式	20		
	長期貸付金	44		
	長期営業外未収入金	35		
	その他	2		
	(小計	347)	(小計	347)
共通部分	現金預金	38	長借・社債	39
	有価証券	33	退職給与引当金	11
	建物・土地	31	資本金	19
	投資有価証券	6	準備金	16
	その他	8	剰余金	27
			その他	4
	(小計	116)	(小計	116)
	(合計	798)	(合計	798)

建設部門では，殆どが運転資金に関連する項目であり，未成工事支出金及び完成工事未収入金を未成工事受入金と工事未払金で相当額調達している。その不足部分である所要運転資金は1,010億円となり，短期借入金で賄っている。
　次に不動産部門へ移る。
　販売用不動産，不動産事業支出金が投資の主要なものであるが，そのほか不動産関連とみられるグループ企業への資金支出が多く，すべて合算すると建設部門とほぼ同額の3,470億円を運用していると推測される。資金調達では，支手と預り金に一部依存しているが，殆どは短期借入金で賄っており2,430億円にのぼる。
　残りの共通部門は，現預金などの運用と土地，建物に資金が使用されている。一方調達は，長期負債と株主資本勘定である。

(2) 資産内容の精査

　上記の資金バランスをチェックし，借入金の償還可能性を検討する。建設部門においては，既に正常な営業循環がなされていると判断されるので，当該部門の短期借入金は，工事の完成とその代金回収によって返済可能であり問題ないと思われる。
　次いで不動産部門であるが，本来資産内容を個別に検討する必要がある。しかし，ここではそれは不可能なので極めて大雑把に受手を除く資産の6割が回収不能としよう。6割という数字には合理的根拠がないが，多くの事例において処分可能額が取得額の2〜3割という現実から設定した。この前提によれば，営業循環や資産売却による調達資金の返済可能額は，約1,600億円となるので，支手と預り金を優先的に弁済すると，残る600億円が短期借入金の返済に充当可能である。不動産部門に投入されている短期借入金は，2,430億円であるから，約1,830億円が営業循環ないし資金回収により返済す

ることができず，従って収益で弁済するしか方法がない借入金額である。

なお，共通部分については，長期借入金・社債の残高390億円とほぼ同額の現預金があるので，これは償還可能としよう。

(3) 現金利益の測定

次いでこの時点では，まだ連結キャッシュ・フロー計算書が作成されていないので損益計算書（図表4-2）より現金利益を算出する。手順としては税引後利益から出発し，非現金費用を加算し，非現金収益を減算する。即ち，現金利益（売上高マイナス現金費用）から非現金費用を引き，一方，非現金収益を加算したものが当期純利益であるから，手順としてはこの逆算を行う。その詳細は図表4-5の通りである。

図表4－5　現金利益の算出（10/3期）

（単位：百万円）

区分	項目	金額
	当期純利益	912
特別損益	関係会社撤退損失	7,125
	関係会社清算損失	23
	退職給与引当金繰入額	918
	有価証券評価損	2,351
	固定資産除却損	37
	固定資産売却損	2,691
	前期損益修正損	97
	転換社債償還益	△1,418
	固定資産売却益	△7,211
	前期損益修正益	△2,731
営業外	有価証券評価損	1,053
	貸倒引当金繰入	119
販管費	減価償却費	574
	貸倒引当金	753
	退給	1,176
売上原価	減価償却費（注）	1,232
	現金利益	7,701

（注）有形固定資産等明細表の1,806から販管費対応部分を控除したもの。

若干の補足をすると，関係会社撤退損失については，一部現金費用の可能性があるが，ここでは内容については不明なので取りあえず全額非現金費用とした。この結果，得られた現金利益は約77億円であった。

(4) 償還可能性の検討

いままで得られた数字を基に，極めて粗く当社の借入金についての償還能力をみてみよう。

前述の通り不動産向け投資を中心に，正常な営業により現金回収が得られる見込みの少ないものがあり，その見合いの借入金が約1,830億円にものぼることが判明した。現状の収益力を前提にすれば，その償還に約24年を要することとなる。仮に，現状の収益力でもって，10年で返済できる借入額が，収益償還可能な最大の借入額とすれば，残りの約1,100億円の借入については，返済不可能なものとなり，この借入額については債務免除等の措置が必要となる。この金額が結果的に実際の債務免除額とほぼ一致しているという事実は，今までの前提が計画立案者の根拠とほぼ同様であった可能性を示唆しているかもしれない。

(5) 債務免除後の状況

第68期（平成11/3期）において，当社は1,109億円の債務免除を受けた。この時点での財務バランスを見てみると図表4-6の如くなった。建設部門と共通部門については，ほぼ問題はないと思われるが，不動産部門には，依然問題がありそうである。

平成12/3期時点では販売用不動産や不動産事業支出金はやや減少したものの依然相当額が残っており，当時の常識から推定し，不動産部門全体で約3割含み損があるとすると，約700億円の不良資産の計算となる。これに対

図表4-6　佐藤工業　資金バランス表（平成11/3期）

（単位：10億円）

	運用残		調達残	
建設	完成工事未収入金	78	工事未払金	57
	未成工事支出金	178	未成工事受入金	154
	機械・工具等	3	短期借入金	48
	（小計	259)	（小計	259)
不動産	受手	34	支手	72
	販売用不動産	100	預り金	19
	不動産事業支出金	16	その他流動負債	2
	短期貸付金	16	短期借入金	156
	その他流動資産	31		
	関係会社株式	16		
	長期貸付金	11		
	長期営業外未収入金外	25		
	（小計	249)	（小計	249)
共通部分	現金預金	50	短期借入	60
	有価証券	30	長借・社債	25
	建物・土地	42	引当金	36
	投資有価証券	6	資本金	19
	その他	22	準備金	16
			剰余金	-15
			その他	9
	（小計	150)	（小計	150)
	（合計	658)	（合計	658)

応する短期借入金は収益により償還せざるをえない。更に，収益力も低下しており，当該期の現金利益は約50億円であるから，すべてを返済に充当してもこの償還に約12年を要する。巨額の債務免除を受けてなお，当社の再建が容易でないことが明らかである。更に，このケースは個別決算書ベースであり，なお巨額の保証債務を有していた。結論から言えば当社は平成14年に会社更生法を申請し，平成20年現在更正計画遂行中である。

(6) 同業優良企業との比較

なお，企業間の比較分析として，平成11年3月末時点で西松建設との比較をしてみる（図表4-7）。

図表 4－7　西松建設　資金バランス表（平成11/3期）

(単位：10億円)

	運用残		調達残	
建設	完成工事未収入金	132	工事未払金	98
	未成工事支出金	324	未成工事受入金	306
	機械・工具等	5	短期借入金	19
			その他	38
	(小計	461)	(小計	461)
不動産	受手	51	支手	68
	販売用不動産	14	預り金	23
	不動産事業支出金	8	長借・社債	54
	短期貸付金	14	退給	9
	その他流動資産	40		
	関係会社株式	－		
	長期貸付金	－		
	長期営業外未収入金	－		
	その他	27		
	(小計	154)	(小計	154)
共通部分	現金預金	77	長借・社債	18
	有価証券	14	資本金	23
	建物・土地	63	準備金	26
	投資有価証券	18	剰余金	115
	その他	10		
	(小計	182)	(小計	182)
	(合計	797)	(合計	797)

　同社では，いずれの部門も借入金はきわめて少なく，現在の資産の営業循環により容易に償還できる。しかも，現金利益を約140億円も挙げておりキャッシュフローはきわめて潤沢である。

　両者を比較すると，次のことが分かる。

①本業の建設業においては，西松建設は施主からの未成工事受入金を相対的に多く受け取っているなど資金調達が円滑であり，短期借入の負担は190億円であるが，佐藤工業は約480億円となっている。

②また，これに加えて不動産事業に対する資金のバランスを見ると，佐藤工業の場合，販売用不動産と不動産事業支出金の両者に約1,160億円の資金を投下し，さらに関係会社等の資金調達を支援するため約1,010億

円も保証債務を行っている。一方，西松建設は販売用不動産と不動産事業支出金合わせて約220億円と佐藤工業の5分の1である（保証債務は約50億円）。西松建設がバブルに踊らず，堅実な経営を行ってきたことがよくわかる。

3　企業再生の留意点

　前述のように，いくつかの仮定の上で当社財務面から企業再生について検討してきた。しかし，現実に企業再生計画を検討する時にこの外留意すべき重要な点を述べておこう。

(1) 事業戦略の確立

　財務面から企業再生計画を検討する場合，当然のことであるが今後の事業戦略がまず策定されなければならない。撤退する事業の選択，人員の整理，関係会社への対応等すべてが決定された後に，財務の見地からこれらの戦略が果たして実行可能か結論づけることとなる。

(2) 連結ベースのセグメント評価

　すべての評価は連結ベースで行うべきである。
　これに関連して，現金利益についてもセグメント毎に予測を行い，それを基にして償還可能性を検討する必要がある。ここで現状の実績数字を利用したのは簡便法である。

(3) 予想損益計算書，キャッシュフロー表，貸借対照表の作成

　この財務のリストラ計画は，予想P/L，予想キャッシュフロー表（資金運用表），予想B/Sの形で少なくとも5年間は作成しなければならない。何故ならば，キャッシュフロー表で借入金の返済可能性を検討するのみならず，P/Lの利益動向，あるいはB/Sの数字（特に純資産の推移）は再建の過程において債権者等外部関係者の判断に大きな影響を与えるからである。

(4) その他

　その外，税金の支払の有無，償還財源から控除すべき経常的投資の考慮，保証債務の検討等留意すべき点は多い。

第5章

連結キャッシュ・フロー計算書の意義とその分析

　キャッシュフロー計算書は，企業の一会計期間におけるキャッシュのインフロー及びアウトフローを示す財務諸表である。資金運用表，資金繰り表，資金移動表等のさまざまなキャッシュフロー表があるが，2000/3期より日本では連結キャッシュ・フロー計算書が，正式な財務諸表となった。即ち，連結決算書が主たる決算書となり，しかもキャッシュフロー計算書が貸借対照表，損益計算書と並ぶ正式の財務諸表となった。まず，標準的なものとして図表5-1に見る米国基準のキャッシュフロー計算書を対象とする。

1　キャッシュフロー計算書の意義

(1) キャッシュフロー計算書の情報

　キャッシュフロー計算書は財務意思決定上の重要な手掛かりを経営者に与えるのみならず，財務諸表の利用者である投資家，銀行，仕入先などの利害関係者に対しても，企業の現金稼得能力などの重要な情報を提供する。キャッシュフロー計算書は，次のような点について客観的な情報を与える。

図表5-1　日立製作所　連結キャッシュ・フロー計算書

(単位：百万円)

区　分	前連結会計年度 自 平成17年4月1日 至 平成18年3月31日 金　額	当連結会計年度 自 平成18年4月1日 至 平成19年3月31日 金　額
営業活動に関するキャッシュ・フロー		
当期純利益（損失）	37,320	△ 32,799
当期純利益(損失)から営業活動に関するキャッシュ・フローへの調整		
有形固定資産減価償却費	451,170	472,175
無形資産償却費	138,727	149,823
長期性資産の減損	27,408	9,918
繰延税金	33,815	20,514
持分法損益	△ 8,688	△ 11,289
投資有価証券及び子会社株式の売却損益	△ 46,468	△ 53,240
投資有価証券評価損	4,858	8,309
賃貸資産及びその他の有形固定資産の売却等損益	8,983	31,590
少数株主持分	83,196	72,323
売上債権の増加または減少	△ 94,078	52,599
棚卸資産の増加	△ 107,069	△ 212,028
その他の流動資産の増加または減少	35,947	△ 80,172
買入債務の増加	107,271	104,987
未払費用及び退職給付債務の減少	△ 30,505	△ 21,166
未払税金の増加	2,047	18,623
その他の流動負債の増加	44,060	38,470
当社及び子会社の製品に関するリース債権の増加または減少	14,328	△ 9,819
その他	△ 11,447	56,224
営業活動に関するキャッシュ・フロー	690,875	615,042
投資活動に関するキャッシュ・フロー		
短期投資の減少	1,104	25,054
有形固定資産（除く賃貸資産）の取得	△ 382,386	△ 497,771
賃貸資産の取得	△ 466,681	△ 441,614
リース債権の回収	419,956	318,063
賃貸資産及びその他の有形固定資産の売却	80,718	43,982
投資有価証券及び子会社株式の売却	99,717	69,842
投資有価証券及び子会社株式の取得	△ 67,643	△ 169,530
ソフトウェアの取得	△ 121,983	△ 123,876
その他	△ 64,164	△ 10,320
投資活動に関するキャッシュ・フロー	△ 501,362	△ 786,170
財務活動に関するキャッシュ・フロー		
短期借入金の増加	5,121	93,917
社債及び長期借入金による調達	342,309	380,646
社債及び長期借入金の返済	△ 551,265	△ 309,204
子会社の株式発行	2,310	23,078
配当金の支払	△ 36,509	△ 28,243
少数株主に対する配当金の支払	△ 17,591	△ 20,761
子会社の自己株式の取得	△ 5,449	△ 7,075
自己株式の取得	△ 1,058	△ 12,000
自己株式の売却	494	901
財務活動に関するキャッシュ・フロー	△ 261,638	121,259
現金及び現金同等物に係る為替換算差額	21,665	9,480
現金及び現金同等物の減少額	△ 50,460	△ 40,389
現金及び現金同等物の期首残高	708,715	658,255
現金及び現金同等物の期末残高	658,255	617,866
(注25)　連結キャッシュ・フロー計算書の補足説明		
支払利息の支払額	31,584	38,712
法人税等の支払額	118,486	123,677
キャッシュフローを伴わない投資活動および財務活動		
ファイナンス・リース資産および債務の新規計上額	5,206	6,056

①キャッシュ稼得能力

　現金稼得能力の中心である営業キャッシュフローはプラスか。営業キャッシュフローを現金利益（税引後）と運転資金要因に分けて分析する。もしマイナスの場合は収益力の不足によるのか，あるいは運転資金要因か。運転資金不足は健全なものか不健全なものか。

②設備投資などの資本予算に対する方針，設備投資資金調達の方法

　成長のためにどれだけ投資をしているか。成長資金を営業キャッシュフローで賄えているか，あるいは外部からの資金調達に依存しているか。営業キャッシュフローを使って設備投資を行った後でも，キャッシュフロー余剰（フリーキャッシュフロー）があるか。

③利払い負担能力

　利払いなどの財務費用を，営業キャッシュフローで賄う能力があるか。

④外部資金調達（借入，増資）への依存度

　外部資金調達は，企業間信用，長期借入金・株式発行・社債のいずれに依存しているか。

⑤配当政策

　フリーキャッシュフローで配当を支払ったか，それとも外部からの資金調達に依存しなければならなかったのか。現状の配当政策は継続できるか。

⑥将来の債務返済能力

⑦収益力の質に対する判断

　また，経営者が財務上最大の目標とするのは，将来稼得されるキャッシュフローを割り引いた現在価値の合計を最大にすることである。そのためには，キャッシュフロー表が最良の情報源である。

(2) 計算書の主要区分

キャッシュフロー計算書では，企業の主要活動別（営業活動・投資活動・財務活動）にキャッシュフローを報告する。

営業活動から生じる営業キャッシュフロー（Cash flow from operating activities, 以下CFO）は，企業が財やサービス等の企業活動（非営業収支も含む）を行った結果生じた現金収入と現金支出を計測する。このCFOは，時としてマイナスになることもあるが，通常はプラスでなければ企業は長期にわたって存続できない。

次いで，投資キャッシュフロー（Investing cash flow 以下CFI）では企業買収や設備投資などにキャッシュが用いられる。この支出は，現生産能力の維持及び将来の成長のために用いられる。また，反対に資産の処分，事業の売却から生ずるキャッシュもここに含まれる。

財務キャッシュフロー（Financing cash flow：CFF）とは，企業の資金調達（負債及び株主資本）に関連するキャッシュをいう。例えば，借入金の増減，増資，配当，自社株式の買い戻しなどである。

(3) 分析

キャッシュフロー計算書の分析では，それ単独の分析も有用であるが，損益計算書と比較することにより収益力の質を判定したり，また貸借対照表とあわせて，投資の回収能力や債務の支払能力などを評価することがより大切である。

例えば，利益とキャッシュフローはいずれも重要であるが，当然両者は異なり，それぞれ明確に分けて分析しなければならない。即ち，収益及び費用は発生主義に基づいて認識されるので，純利益はCFOと異なる。純利益を次のように修正して，CFOを計算する。一つは，売掛金や買掛金などの運

転資金項目の修正である。即ち流動資産（売上債権，棚卸資産，前払費用など）および流動負債（買入債務，未払費用など）の増減（増加運転資金）である。二つ目は，損益計算書に含まれる減価償却費，繰延税金，非連結関係会社の持分利益などの非現金損益である。純利益をもとにCFOを導くためには，これらの両方について発生項目を調整する。

このように，損益計算書（会計の利益）とCFOを比較することにより，利益の質を判断できる。また後述するが，B/Sとの比較により投資額による収益力あるいは借入額の償還能力が判明する。

2　キャッシュフロー計算書の分析

SEC基準で作成された日立製作所のものを利用し，その仕組みと分析の方法について概観してみよう（図表5-1）。

(1) 計算書の概要

分析する前に，キャッシュフロー計算書の内容について再度簡単に説明する。

キャッシュフロー計算書には，間接法と直接法によるものの二種類がある。間接法は既述の資金運用表に近く，直接法は実際の資金繰り表に近いものである。直接法は，営業活動等から生じる現金収入及び現金支出を実際の入出金に対応して報告する。間接法では，損益計算書及び貸借対照表を使って，純利益に調整を加えることで，CFOを導く。一般には間接法によるものが大部分であり，ここでも間接法によるものを例に取る。

さらに，その区分は，営業活動によるキャッシュフロー（CFO），投資に

よるキャッシュフロー（CFI），財務によるキャッシュフロー（CFF）の三つに分けられる。少し詳しく見るとまず，CFOの中心は発生主義ベースのP/Lにおける税引後利益に対比される現金収支であり，現金ベースの税引後利益である。利息や税金もこの部分で控除するのが通常であるから利払後・税引後営業利益に対応するキャッシュフローということができる。但し，コーポレートファイナンスの観点からは，利息の支払は資金供給者に対する資本コストとしての考え方が正しく，その意味では理論的ではない。これは，後述の総キャッシュフロー表の項で検討する。この現金利益に増加運転資金を修正してCFOを算出する。

このCFOは日々の事業活動から得られるキャッシュとして，企業活動にとって最も重要なものであり，現金利益から増加運転資金を控除したものであり，この二つの資金は区別して把握することが大切である。

なお，キャッシュフロー計算書の分析は，企業を取り巻く実態を十分に勘案して行うことが大切である。例えば，急成長企業は急増する売上に対応し，売掛金と在庫の資金需要が大きくCFOの悪化を招く。そのため借入や増資など資金調達が必要となることも多いが，この場合は将来の収益力がいずれはCFOの余剰をもたらすので懸念するにあたらない。一方，問題会社においても，売掛金や在庫の回転の悪さ，あるいは営業収益の悪化からキャッシュの流出を招く。これによってさらに業績の悪化とキャッシュの流出を招き信用力を低下させる。このように短期的には，両者ともCFOを確保できていないが，長期的には収益力（現金利益）が財務の健全性にとって最重要であることは両者を比較すれば明らかである。

資金繰りの苦しい問題企業は，売掛金や在庫の減少により，CFOの改善努力をすることがあるが，これは一時的なものであり長期的には，なんら収支の改善をもたらさない。

運転資金の変化についても，その時々の状況で判断すべきである。例えば売掛金が増加した場合，それは売上の急増による場合もあるが，期日に代金

の回収ができなかったこともありえよう。同様に在庫の増加は，例えば原材料の場合は，需要増に対応することもありうるし，反対に，完成品の場合は販売不振による可能性も考えられる。

次いで，CFI の中心は設備投資が占める。事業活動の維持ないし企業の成長発展のために行う投資資金の状況を表わしている。設備投資以外では持分法対象企業への投融資，あるいは戦略的な長期証券投資などである。通常生じる経常的な設備投資（維持起業投資）であれば，原則として CFO で賄うのが望ましい。この CFO から CFI を差し引いた金額をフリーキャッシュフローと呼んでいる。フリーキャッシュフロー（以下 FCF）は通常次の式で計算される（その他種々の定義があるのでその都度内容を確認する必要がある）。

FCF ＝ CFO －経常的投資

FCF とは，現状の生産規模を維持するための経常的投資を行った後になお余ったキャッシュである。

また，現実の設備投資額は生産能力増などの拡張投資も含んでいるため，経常的投資の額を外部から客観的に判定することは容易ではなく，例えば，インフレ時には企業は減価償却費を大幅に上回る更新投資が必要とされることもあるが，一般的には減価償却費見合で判断する。

(2) 資金運用表，資金移動表及び総キャッシュフロー表への組み替え

キャッシュフロー表分析の基本的な手続きは次の通りである。

①資金運用表への組み替え

まず資金運用表へ組み替え，資金の源泉ごとに分析をする（図表5-2）。
まず資金運用表をみてみる。

運転資金面では，棚卸資産の増加により520億円もの運転資金不足が生じた。一方，固定資金面では，税引後現金利益が6,670億円と低水準なため，通常の設備投資と賃貸資産の取得に加え投資有価証券純増もあり1,690億円の固定資金不足となった。この結果有利子負債の増加と現金取崩しが生じた。全体として資金繰りは，従来に比べややタイトになっている。

なお，運転資金の収支尻と税引後現金利益の合計が営業キャッシュフローになることを確認する。

図表5－2　日立製作所　資金運用表（H19/3期）

(単位：10億円)

	運用		調達	
運転	棚卸資産増	212	売上債権減	53
	未払費用他増	21	買入債務増	105
			その他	23
			（運転資金不足）	(52)
固定	配当金支払	49	税引後当期利益	△33
	設備投資	498	有形固定資産減価償却費	472
	賃貸資産増	442	無形資産償却	150
	投資有価証券純増	100	その他非現金項目	78
	ソフトウエア増	124	（税引後現金利益）	(667)
			リース債権回収	318
			その他	59
			（固定資金不足）	(169)
財務	（運転資金不足）	(52)	短期借入金増	94
	（固定資金不足）	(169)	社債・長期借入金増	381
	社債・長期借入金返済	309	その他	5
			現預金減	50

②資金移動表への組み替え

次いで，資金移動表に組み替えて分析する（図表5-3）。

経常収支比率は107.7％と悪くはないが，従来のような余裕はなく，当社業績低迷の実態を反映している。なお，運転資金の収支尻と税引前現金利益

図表 5−3 日立製作所　資金移動表（H19/3期）

(単位：10億円)

区分	項目	金額
経常収支	売上高	10,248
	売上債権減	53
	収入計	10,301
	総費用	△10,157
	減価償却費	622
	その他非現金項目	78
	棚卸資産増	△212
	買入債務増	105
	その他	2
	支出計	△9,562
	経常収支	739
	経常収支比率	107.7%
決算・設備	税金	△124
	配当金	△49
	設備投資	△498
	賃貸資産の取得	△442
	リース債権の回収	318
	投資有価証券の取得	△169
	ソフトウェアの取得	△124
	その他	128
	計	△960
財務収支	短期借入金増	94
	社債・長期借入金増	381
	社債・長期借入金返済	△309
	その他	5
	計	171
	総合収支	△50

（税引後現金利益に税金を足し戻したもの）の合計が経常収支尻になることを確認する。

③総キャッシュフロー表への組み替え（図表5-4参照）

　ここでは企業価値評価を行うため，コーポレートファイナンスの観点から，キャッシュフロー表を作り直す。上述の通りCFOの段階では既に利払いと受取利息が勘案されている。しかしながら，これらの2つの項目は企業の営業活動と対応しておらず，利子費用は借入金により，利息収入は金融資産から生じる。これを考慮してキャッシュフロー計算書を修正しなければならない。やや詳しく説明すると，企業の事業から生ずる本来の収益力は，調

達構造の影響を受けない収益力とされるので，負債のない状態，即ちすべて株主資本で投資資金を賄う状況を前提とする。従って，営業利益×（1－税率）＝税引後営業利益がベースである。

しかし，CFOは（営業利益－支払利息）×（1－税率）がベースとなっているので，表の通り，支払利息×（1－税率）を加算し，受取利息×（1－税率）を減算している。これが企業価値算定上の利用される税引後営業利益（NOPAT）である。この表は総キャッシュフロー分析と呼ばれている（この項の記述はPalepu et al. 著 *Introduction to Business Analysis & Valuation* に負うところが多い）。総キャッシュフロー分析は次のように行う。

①CFOのうち運転資金考慮前及び利払前のもの：営業活動から現金余剰を生み出すことができるかどうかを分析する。まず，運転資金考慮前のCFOが計算される。この際，支払利息と受取利息が除かれているので，税引後・金利支払前の営業利益に対応する現金利益である。
②CFOのうち運転資金考慮後のもの：運転資金がどのように管理されているかを評価する。
③CFOのうち運転資金考慮後・利払後のもの：利払いの能力を評価する。運転資金考慮後のCFOと利息支払額を比較する。CFOが利息支払額より少なければ，借入等の資金調達をしなければならない。
④配当支払前のFCF：長期投資の資金を企業内部で賄えるかどうか評価する。上記③のCFOから，設備投資，関連会社投資，買収などの長期投資を行った後の余剰キャッシュフローが，配当支払に利用できるFCFである。長期投資後のキャッシュフローと配当支払が比較される。
⑤配当支払後のFCF：配当政策が持続可能かどうかを分析する。配当支払後のキャッシュフローがマイナスであれば，配当政策の変更が必要になるかもしれない。但し，このようにPalepu et al. によれば，CFOの余剰をまず設備投資に充当しており，その後配当の支払を考慮してい

る。配当支払後のFCFがプラスであれば，負債の返済や自己株式の取得に利用できる。

⑥外部資金調達後の純キャッシュフロー：企業の財務政策を分析する。

図表5－4 コンパックコンピューターコーポレーションの総キャッシュフロー分析

諸活動のキャッシュフローへの影響		（単位：百万ドル）
	1991年	1992年
純利益	130.9	213.2
営業上の非現金費用（収益）及び営業外項目の調整：		
減価償却費	165.8	159.5
繰延税金	(9.6)	34.1
持分法上の利益（損失）	(19.8)	(15.2)
資産および投資売却（益）損	4.2	(71.3)
支払利息マイナス受取利息および配当所得（税効果考慮後）	2.7	5.9
その他	204.8	(68.8)
合計	348.1	43.2
運転資金考慮前および支払利息控除前の営業からのキャッシュフロー	479.0	256.4
運転資金のキャッシュフローへの影響：		
売掛金の減少（増加）	2.2	(362.3)
棚卸資産の減少（増加）	106.8	(397.6)
買掛金の増加（減少）	(96.8)	320.7
現金および現金等価物を除くその他の流動資産の減少（増加）	(186.1)	128.1
借り入れを除くその他の流動負債の増加（減少）	91.8	1.2
合計	(82.1)	(309.9)
運転資金考慮後および支払利息控除前の営業からのキャッシュフロー	396.9	(53.5)
支払利息（税効果を考慮した正味）	(22.1)	(25.3)
受取利息（税効果を考慮した正味）	19.4	19.4
運転資金考慮後および支払利息控除後の営業からのキャッシュフロー	394.2	(59.4)
固定資産投資のキャッシュフローへの影響：		
有形固定資産の売却（購入）	(188.8)	(159.2)
証券の売却（購入）	(135.0)	376.4
その他	(16.6)	13.0
合計	(340.4)	230.2
配当支払前および外部資金調達前のフリー・キャッシュフロー	53.8	170.8
配当支払	0	0
配当支払後のフリー・キャッシュフロー	53.8	170.8
外部資金調達のキャッシュフローへの影響：		
株式の買い戻し	(82.2)	(215.5)
持分の売却	22.6	56.8
負債の返済	(0.5)	(73.5)
現金および現金等価物の外貨換算差益（損）	23.8	(34.1)
合計	(36.3)	(266.3)
外部資金調達後の正味キャッシュフロー	17.5	(95.5)

（出所：Palepu et al. *Introduction to Business Analysis & Valuation*, P 4-22　当方訳）

(3) 比率によるキャッシュフロー分析（P/L，B/S との対比）

次のようにキャッシュフローをベースにした財務比率が計算できる。

① ROA（キャッシュフローベース）

$$\frac{CFO}{総資産}$$

企業の投資総額を示す総資産額とキャッシュフローとの比率によりキャッシュベースの収益力を測定する。この式は次のように二つに分解できる。

$$\frac{CFO}{売上高} \times \frac{売上高}{総資産}$$

左側は，キャッシュフローマージンで，対売上高のキャッシュベースの収益力を示し，右側は総資産回転率である。

② キャッシュフローマージン（キャッシュフローベースの売上高当期利益率）

$$\frac{CFO}{売上高}$$

③ 1株当たり CFO

$$\frac{CFO}{発行済み株式総数}$$

これはキャッシュフローベースの1株当たり利益に相当する。

④会計の利益と CFO の比率

$$\frac{CFO}{税引後・利払後営業利益} = \frac{税引後・利払後現金利益 - 増加運転資金}{税引後・利払後営業利益}$$

税引後・利払後営業利益と CFO を比較分析する。

税引後・利払後営業利益と CFO にはかなりの違いがあるので，この違いの原因を明確に識別する。

⑤投資活動によるキャッシュフロー（設備投資対 CFO 比率）

$$\frac{設備投資}{CFO}$$

これは，CFO をどの程度設備投資に充当しているかをみる指標である。この指標が高い場合には，過剰投資のことがある。分子に M＆A 関係の投資も加えて分析したほうがよい。

⑥固定資産の回収年限

$$\frac{固定資産残高(B/S)}{税引後・利払後現金利益}$$

⑦ CFO 対要償還債務の返済・償還合計額比率

$$\frac{CFO}{要償還債務の返済・償還合計額(年間)}$$

財務活動によるキャッシュフローでは，債務返済能力を分析することが重要である。借入金返済・社債償還などの財源が十分に確保されているのかをチェックしなければならない。

これは，CFOで債務の返済・償還額をどのくらいカバーしているかを示すもので，キャッシュフローベースの債務元本のカバレッジ・レシオである。

⑧キャッシュフローベースのインタレスト・カバレッジ・レシオ

$$\frac{利払前・税引前のCFO}{支払利息}$$

　これはCFOが支払利息の何倍あるかを示しており，大きければ大きいほど企業の信用力は高い。

⑨要償還債務の償還年限

$$\frac{要償還債務残高（運転借入を除く）}{CFO}$$

第6章

日本基準の連結キャッシュ・フロー計算書の概要とその分析

　ここでは，日本基準に基づいた連結キャッシュ・フロー計算書の概要を見ていこう。米国基準とやや異なる点を理解し，その分析を行う。

1　日本基準の連結キャッシュ・フロー計算書

(1) 米国基準との比較

　まず，日本基準によるクラレのもの（図表6-1）と米国基準（SFAS第95号「キャッシュ・フロー計算書」1987年11月）による日立製作所のもの（図表5-1）を比較し，その形式の違いを見ていこう。なお，両者とも間接法に基づき，B/SとP/Lから作成される。

図表 6−1　連結キャッシュ・フロー計算書（クラレ）

(単位：百万円)

区　分	前連結会計年度 自 平成17年4月1日 至 平成18年3月31日 金　額	当連結会計年度 自 平成18年4月1日 至 平成19年3月31日 金　額
Ⅰ　営業活動によるキャッシュ・フロー		
税金等調整前当期純利益	34,362	35,582
減価償却費	25,185	25,495
貸倒引当金の増加額又は減少額(△)	37	△168
退職給付引当金の増加額又は減少額(△)	△141	227
固定資産売却益	△8,445	△3,746
減損損失	5,454	1,658
固定資産廃棄損失	492	670
投資有価証券売却益	△1,029	△3,078
投資有価証券評価損失	253	292
受取利息及び受取配当金	△1,294	△1,939
支払利息	414	419
売上債権の増加額(△)又は減少額	△5,838	△4,932
たな卸資産の増加額(△)又は減少額	△4,219	△1,357
仕入債務の増加額又は減少額(△)	△2,504	2,822
前払年金費用の増加額(△)又は減少額	△1,629	△1,963
その他営業活動による収入または支出(△)	1,263	△1,132
小計	42,362	48,848
利息及び配当金の受取額	942	1,554
保険金の受取額	－	2,149
利息の支払額	△388	△420
法人税等の支払額	△10,225	△13,170
営業活動によるキャッシュ・フロー	32,690	38,961
Ⅱ　投資活動によるキャッシュ・フロー		
定期性預金の純増加額(△)又は純減少額	－	△1,890
有価証券の純増加額(△)又は純減少額	3,000	3,292
有形・無形固定資産の取得による支出	△36,069	△32,574
有形・無形固定資産の除却による支出	－	△2,744
有形・無形固定資産の売却による収入	10,550	4,926
投資有価証券の取得による支出	△1,378	△16,953
投資有価証券の売却・償還による収入	3,603	7,464
年金保険積立金積立てによる支出	△701	△309
年金保険積立金取崩しによる収入	6,573	15,842
長期前払費用の取得による支出	－	△2,457
その他投資活動による収入又は支出	729	3,051
投資活動によるキャッシュ・フロー	△13,693	△28,936
Ⅲ　財務活動によるキャッシュ・フロー		
短期借入金の純増加額又は純減少額(△)	△3,322	△74
長期借入れによる収入	3,400	2,000
長期借入金の返済による支出	△3,406	△403
少数株主への配当金の支払額	－	△13
自己株式の売却による収入	460	566
自己株式の取得による支出	△150	△176
配当金の支払額	△4,772	△6,248
財務活動によるキャッシュ・フロー	△7,790	△4,350
Ⅳ　現金及び現金同等物に係る換算差額	134	272
Ⅴ　現金及び現金同等物の増加額又は減少額(△)	11,340	5,947
Ⅵ　現金及び現金同等物の期首残高	16,743	28,085
Ⅶ　新規連結に伴う現金及び現金同等物の増加額	1	－
Ⅷ　現金及び現金同等物の期末残高	28,085	34,032

図表 6-2　直接法によるキャッシュ・フロー計算書（様式1）

```
1 営業活動によるキャッシュ・フロー

    営業収入                                          ＊＊＊
    原材料又は商品の仕入支出                          －＊＊＊
    人件費支出                                        －＊＊＊
    その他の営業支出                                  －＊＊＊
        小計                                          ＊＊＊
    利息及び配当金の受取額                            ＊＊＊
    利息の支払額                                      －＊＊＊
    損害賠償金の支払額                                －＊＊＊
    ………                                              ＊＊＊
    法人税等の支払額                                  －＊＊＊
営業活動によるキャッシュ・フロー                      ＊＊＊
```

（出所：連結キャッシュ・フロー計算書等の作成基準注解（注7），企業会計審議会，平成10年3月）

　なお，実際の資金繰りに基づいて作成される直接法による一般的形式（営業キャッシュフローの部のみ）を図表6-2に例示しておく。

　一見して明らかなように，日米で大きな相違はなく，企業分析上は殆ど問題がない。しかし，細かな点でやや異なるところがある。特に，利息と配当金及び法人税等の処理の相違が目立つ。図表6-3を参照しながら見ていこう。

　日本基準では，受取利息・受取配当金と支払金利について，2段階による修正計算方式を採用している。まず，税金等調整前当期利益から受取利益・配当金を差し引き，支払利息を足し戻す。これは発生主義による金融収益受取前，金融費用支払前のベースに戻す作業である。いったん利息・配当金受取前，利息支払前の税引前利益をはじき出す。

　次に，現金ベースの受取利息・配当金を加え，同じく現金で支払った支払利息を差し引くという計算をする。営業活動によるキャッシュフローの部の最下段に，法人税支払額，受取利息・配当金及び支払利息の3項目を集めて示しているが，これらはいずれも実際の現金受取・支払額である。この2段階にわたる調整により，受取利息・受取配当金，支払利息及び法人税等について発生主義（会計ベース）から現金ベース（キャッシュフローベース）に変換している。

図表 6-3　連結キャッシュ・フロー計算書（日本基準）

(利払、税金等の修正)

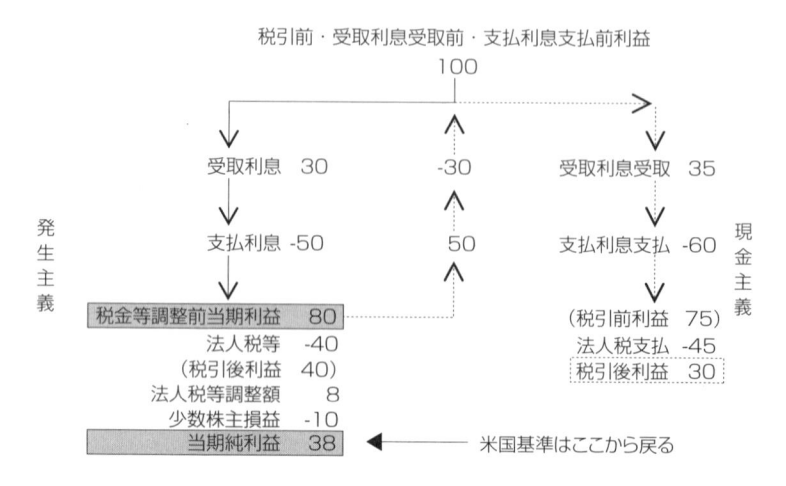

```
                    税引前・受取利息受取前・支払利息支払前利益
                                100
                    ↓            ↑            ↓
            受取利息 30         -30      受取利息受取 35
                    ↓                          ↓
  発          支払利息 -50        50      支払利息支払 -60        現
  生                              ↑                              金
  主          税金等調整前当期利益 80               (税引前利益 75) 主
  義          法人税等       -40           法人税支払  -45        義
              (税引後利益    40)           税引後利益   30
              法人税等調整額   8
              少数株主損益   -10
              当期純利益     38     ◀──── 米国基準はここから戻る
```

(注) 米国基準は、発生主義の法人税等、受取利息・支払利息を現金とみなして処理している。

　一方，米国基準ではこのような調整は行わず，補足情報として現金ベースの支払利息，法人税支払が表示されている。通常発生主義と現金主義に大きな違いがないのであえて詳細に立ち入らなかったのであろう。また，現金利益を算定する時に，日米ではこの処理に関連して金額の差が生じるが，その差額は運転資金項目で相殺されるので，営業キャッシュフローの額そのものにおいては基本的に同額となる。

　もう一点，異なる点としては，米国基準は，当期純利益から順次修正していくため，税金等調整前当期利益に至るまでの間に存在する非現金項目（少数株主損益，法人税等調整額）が表示される。日本基準にはこれは表示されない。

(2) 受取利息と支払利息の記載方法

日本基準では，利息及び配当金に係るキャッシュフローは次のいずれかの方法により記載される。

① 受取利息，受取配当金及び支払利息は営業活動によるキャッシュフローの区分に記載し，支払配当金は財務活動によるキャッシュフローの区分に記載する方法

② 受取利息及び受取配当金は投資活動によるキャッシュフローの区分に記載し，支払利息及び支払配当金は財務活動によるキャッシュフローの区分に記載する方法

②の方法では，支払った利息や配当金は資本の提供者に帰せられ，資金調達に伴なって発生するものであるから，財務活動によるキャッシュフローとする。また受け取った利息や配当金は投資（資産への運用）に伴うものであり，投資上の意思決定の結果であるから，投資活動からのキャッシュフローとする，という考え方に基づいており理論にかなっている。

しかしながら，通常の場合，支払利息は広く営業活動に付随するコストであり，受取利息及び配当金は営業活動から一時的に離れた余資の運用の結果と考えれば，営業活動からのキャッシュフローと考えてよいかも知れない。したがって，理論的にはともかく，商習慣など実務の面では①の方をとるのが常識的である。殆どの日本企業が①の方法を採用しているものと思われる。米国基準では①のみである。

(3) そのほかの留意点

① 資金の範囲

今回の日本基準では，資金の範囲を現金及び現金等価物とした。

キャッシュフロー計算書が対象とする資金の範囲は，現金だけでなく「容易に換金可能であり，かつ，価値の変動について僅少なリスクしか負わない短期投資」である現金同等物を含む。この点は基本的に米国基準も同様である。日本で従来開示されていた資金収支表では，現預金及び市場性のある一時所有の有価証券が資金とされていたため，資金の範囲が広く，企業のキャッシュフローが適正に報告されていなかった。この規定によりキャッシュフロー計算書がまさにキャッシュフローの名に値するものとなった。

　なお，国際会計基準においては当座貸越をマイナスの現金同等物に含める取扱いを示しているが，日本では当座貸越についてキャッシュフロー計算書における取扱いが明記されていない。しかし，実務指針においてその取扱いは明確にされている。

②営業キャッシュフローについて

　営業活動によるキャッシュフローの区分には，営業損益計算の対象となった取引のほか，投資活動及び財務活動以外の取引によるキャッシュフローを記載することとされているため，注解において災害による保険金収入や損害賠償金の支払が例示されている。

　米国基準においても，投資活動によるキャッシュフロー及び財務活動によるキャッシュフロー以外のキャッシュフローはここに表示されており同様の取扱いとなっている。

　なお，分析する際，この区分の「その他」項目に多額の金額が表示されていることがあり，収益項目か，運転項目かあるいはそれ以外か明確な情報開示が望まれるところである。

(4) 日本基準に対するコメント

　このように，小さな留意点はあるが，キャッシュフロー計算書が正式の財

務諸表となった意義はきわめて高く評価される。

些細な点を除き原則としてきわめて有用な財務諸表であり，これなくしてキャッシュフロー分析は不可能である。ただ，支払利息，受取利息，法人税等の取り扱いについては米国基準のほうがむしろ簡単で分りやすい。

2　クラレの分析

図表6-1（前掲）をもとにキャッシュフロー分析を行う。

①営業活動によるキャッシュフローの分析（現金利益と運転資金の分析）
まず税金等調整前当期純利益（税引前利益）に非現金費用と非現金収益項目を修正して現金利益を計算する。

ここで非現金費用は，減価償却費，減損損失，固定資産廃棄損失，投資有価証券評価損および退職給与引当金の増加額である。一方，非現金収益としては固定資産売却益，投資有価証券売却益，貸倒引当金の減少額である。この現金利益に対し，前述（1）の受取利息，配当金，支払利息につき発生主義から現金主義への変換を行う。

まず，固定資金については税引後現金利益が456億円と高い水準で発生している。これを，減価償却費を大幅に上回る積極的な設備投資に充当しても余裕があり固定資金の余剰を招いている。一方，運転資金については通常の成長に伴い運転資金不足が66億円が生じている。

上記の固定資金の余剰をもって前向きな運転資金不足を賄い，結果としてきわめて安定した資金繰りの状態である。

②**投資活動によるキャッシュフロー**

　設備投資は326億円と積極的である。年金保険積立金の取崩し約155億円もやや目を引く。営業キャッシュフローから設備投資を引いても，64億円の余剰がでており余裕ある資金繰りである。

3 住友化学のキャッシュフロー分析（図表6-4,6-5,6-6,6-7）

図表6-4　連結キャッシュ・フロー計算書（住友化学）

(単位：百万円)

区　分	前連結会計年度 (自 平成17年4月1日 至 平成18年3月31日)	当連結会計年度 (自 平成18年4月1日 至 平成19年3月31日)
Ⅰ　営業活動によるキャッシュ・フロー		
税金等調整前当期純利益	158,591	181,061
減価償却費	104,906	113,870
持分法による投資利益	△9,597	△2,969
引当金の増減（減少：△）	2,405	2,209
受取利息及び受取配当金	△5,698	△7,137
支払利息	7,917	11,034
投資有価証券売却益	△8,276	△31,079
構造改善費用	3,547	1,986
持分変動利益	△14,273	—
有形固定資産売却益	△2,368	△299
事業譲渡益	△4,516	—
売上債権の増減（増加：△）	△39,548	△5,714
たな卸資産の増減（増加：△）	△37,209	△30,308
仕入債務の増減（減少：△）	39,545	△6,953
役員賞与の支払額	△79	△109
その他の増減	△20,322	△35,135
小　　　　計	175,025	186,039
利息及び配当金の受取額	5,782	6,967
利息の支払額	△7,728	△10,722
法人税等の支払額	△50,296	△39,367
営業活動によるキャッシュ・フロー	122,783	142,917
Ⅱ　投資活動によるキャッシュ・フロー		
投資有価証券の取得による支出	△30,384	△10,188
投資有価証券の売却による収入	12,024	44,557
出資金の取得による支出	△41,983	△33,212
固定資産の取得による支出	△121,601	△156,924
固定資産の売却による収入	13,367	571
貸付による支出	△21,044	△4,210
貸付金の回収による収入	23,915	5,628
事業譲渡による収入	1,786	—
その他の増減	△16,759	△10,461
投資活動によるキャッシュ・フロー	△180,679	△164,239
Ⅲ　財務活動によるキャッシュ・フロー		
コマーシャル・ペーパーの増減	40,000	△6,000
短期借入れによる収入	200,650	—
短期借入金の返済による支出	△202,466	—
短期借入金の増減	—	37,108
長期借入れによる収入	53,084	16,366
長期借入金の返済による支出	△22,410	△19,226
社債の発行による収入	62,964	77,659
社債の償還による支出	△35,807	△44,816
自己株式の取得による支出	△280	△365
配当金の支払額	△14,880	△18,182
少数株主への配当金の支払額	△12,063	△8,462
少数株主の増資引受による払込額	1,789	1,476
財務活動によるキャッシュ・フロー	70,581	35,558
Ⅳ　現金及び現金同等物に係る換算差額	1,002	781
Ⅴ　現金及び現金同等物の増減額	13,687	15,017
Ⅵ　現金及び現金同等物の期首残高	55,242	110,972
Ⅶ　合併による現金及び現金同等物の増加額	42,121	—
Ⅷ　新規連結に伴う現金及び現金同等物の増加額	29	103
Ⅸ　連結除外に伴う現金及び現金同等物の減少額	△107	△102
Ⅹ　現金及び現金同等物の期末残高	110,972	125,990

図表6-5　連結貸借対照表（住友化学）

(単位：百万円)

区分	前連結会計年度 （平成18年3月31日現在）		当連結会計年度 （平成19年3月31日現在）	
（資産の部）				
I 流動資産				
現金及び預金		100,254		104,224
受取手形及び売掛金		399,255		407,563
有価証券		12,991		27,963
棚卸資産		294,820		327,747
繰延税金資産		31,478		36,198
その他		110,560		94,210
貸倒引当金		△2,804		△2,010
流動資産合計		946,554		995,895
II 固定資産				
有形固定資産				
建物及び構築物	470,139		486,809	
減価償却累計額	279,019	191,120	284,735	202,074
機械装置及び運搬具	1,105,623		1,178,089	
減価償却累計額	856,663	248,960	921,935	256,154
その他減価償却資産	116,691		124,941	
減価償却累計額	96,429	20,262	101,781	23,160
土地		78,073		78,940
建設仮勘定		31,907		63,159
有形固定資産計		570,322		623,487
無形固定資産				
営業権		7,311		―
のれん		―		6,200
施設利用権等		18,559		17,683
ソフトウェア		12,958		13,788
製品登録所有権		5,393		5,133
連結調整勘定		998		―
無形固定資産計		45,219		42,804
投資その他の資産				
投資有価証券		502,963		486,109
繰延税金資産		15,878		10,865
その他		99,086		167,300
貸倒引当金		△1,645		△1,554
投資その他の資産計		616,282		662,720
固定資産合計		1,231,823		1,329,011
資産合計		2,178,377		2,324,906

(単位：百万円)

区　分	前連結会計年度 (平成18年3月31日現在)	当連結会計年度 (平成19年3月31日現在)
（負債の部）		
Ⅰ　流動負債		
支払手形及び買掛金	265,232	261,860
短期借入金	117,752	151,137
1年以内償還社債	26,100	28,495
コマーシャル・ペーパー	60,000	54,000
未払法人税等	20,135	32,067
引当金	25,215	34,078
その他	152,444	145,531
流動負債合計	666,878	707,168
Ⅱ　固定負債		
社債	247,400	277,900
長期借入金	127,329	129,457
繰延税金負債	102,045	107,549
退職給付引当金	52,917	42,750
その他の引当金	10,834	9,220
その他	26,750	20,341
固定負債合計	567,275	587,217
負債合計	1,234,153	1,294,385
（少数株主持分）		
少数株主持分	224,464	―
（資本の部）		
Ⅰ　資本金	89,699	―
Ⅱ　資本剰余金	23,754	―
Ⅲ　利益剰余金	445,915	―
Ⅳ　土地再評価差額金	3,811	―
Ⅴ　その他有価証券評価差額金	155,856	―
Ⅵ　為替換算調整勘定	2,191	―
Ⅶ　自己株式	△1,466	―
資本合計	719,760	―
負債、少数株主持分 　　及び資本合計	2,178,377	―
（純資産の部）		
株主資本		
Ⅰ　資本金		89,699
資本剰余金		23,763
利益剰余金		521,433
自己株式		△2,293
株主資本合計		632,602
Ⅱ　評価・換算差額等		
その他有価証券評価差額金		146,301
繰延ヘッジ損益		△2,301
土地再評価差額金		3,811
為替換算調整勘定		12,125
評価・換算差額等合計		159,936
Ⅲ　少数株主持分		237,983
純資産合計		1,030,521
負債・純資産合計		2,324,906

図表 6-6　連結損益計算書（住友化学）

(単位：百万円)

区分	前連結会計年度 自 平成17年4月1日 至 平成18年3月31日		当連結会計年度 自 平成18年4月1日 至 平成19年3月31日	
Ⅰ　売上高		1,556,606		1,790,026
Ⅱ　売上原価		1,138,536		1,338,142
売上総利益		418,070		451,884
Ⅲ　販売費及び一般管理費				
運送費	28,543		31,117	
販売促進費及び広告宣伝費	18,720		19,941	
社員等給与諸手当	73,704		70,386	
研究費	88,764		90,677	
その他	87,549	297,280	100,140	312,261
営業利益		120,790		139,623
Ⅳ　営業外収益				
受取利息	866		1,844	
受取配当金	4,832		5,293	
持分法による投資利益	26,815		23,607	
為替差益	5,746		6,319	
雑収益	7,220	45,479	8,208	45,271
Ⅴ　営業外費用				
支払利息	3,480		5,515	
社債利息	4,419		5,307	
コマーシャル・ペーパー利息	18		212	
棚卸資産整理損失	5,091		5,423	
雑損失	12,134	25,142	10,456	26,913
経常利益		141,127		157,981
Ⅵ　特別利益				
投資有価証券売却益	8,276		31,079	
持分変動利益	14,273		ー	
事業譲渡益	4,516		ー	
固定資産売却益	2,368	29,433	ー	31,079
Ⅶ　特別損失				
構造改善費用	5,853		6,378	
訴訟関連費用	ー		1,010	
退職給付制度改訂に伴う損失	ー		611	
子会社合併関連費用	6,116	11,969	ー	7,999
税金等調整前当期純利益		158,591		181,061
法人税、住民税及び事業税	42,750		51,772	
法人税等調整額	8,775	51,525	14,144	65,916
少数株主利益		16,401		21,285
当期純利益		90,665		93,860

図表6-7　事業の種類別セグメント情報（住友化学）

前連結会計年度（自平成17年4月1日　至平成18年3月31日）　　　　　　　　　　　　　　　（単位：百万円）

	基礎化学	石油化学	精密化学	情報電子化学	農業化学	医薬品	その他	計	消去又は全社	連結
Ⅰ 売上高および営業損益										
(1) 外部顧客に対する売上高	252,399	486,054	79,011	229,240	186,232	233,101	90,569	1,556,606		1,556,606
(2) セグメント間の内部売上高または振替高	9,561	9,369	4,585	2,775	2,449	21	57,495	86,255	(86,255)	
計	261,960	495,423	83,596	232,015	188,681	233,122	148,064	1,642,861	(86,255)	1,556,606
（売上高構成比　％）	(15.9)	(30.2)	(5.1)	(14.1)	(11.5)	(14.2)	(9.0)	(100.0)		
営業費用	251,966	477,505	73,770	210,311	172,103	194,836	142,302	1,522,793	(86,977)	1,435,816
営業利益	9,994	17,918	9,826	21,704	16,578	38,286	5,762	120,068	(△722)	120,790
Ⅱ 資産、減価償却費および資本的支出										
資産	216,480	488,343	95,046	266,789	224,339	434,329	266,072	1,991,398	186,979	2,178,377
減価償却費	11,823	18,776	6,729	24,934	15,209	14,187	6,980	98,638	6,268	104,906
資本的支出	20,730	16,102	7,007	43,990	8,843	10,566	7,978	115,216	9,709	124,925

当連結会計年度（自平成18年4月1日　至平成19年3月31日）　　　　　　　　　　　　　　　（単位：百万円）

	基礎化学	石油化学	精密化学	情報電子化学	農業化学	医薬品	その他	計	消去又は全社	連結
Ⅰ 売上高および営業損益										
(1) 外部顧客に対する売上高	314,004	539,065	90,882	266,436	198,310	234,546	146,783	1,790,026		1,790,026
(2) セグメント間の内部売上高または振替高	11,788	10,887	7,699	6,328	1,853	13	59,271	97,839	(97,839)	
計	325,792	549,952	98,581	272,764	200,163	234,559	206,054	1,887,865	(97,839)	1,790,026
（売上高構成比　％）	(17.3)	(29.1)	(5.2)	(14.5)	(10.6)	(12.4)	(10.9)	(100.0)		
営業費用	312,309	526,356	85,496	269,307	176,912	178,328	198,042	1,746,750	(96,347)	1,650,403
営業利益	13,483	23,596	13,085	3,457	23,251	56,231	8,012	141,115	(1,492)	139,623
Ⅱ 資産、減価償却費および資本的支出										
資産	253,604	539,466	100,697	325,647	232,120	419,526	281,380	2,152,440	172,466	2,324,906
減価償却費	13,515	19,156	6,538	31,453	14,213	16,207	6,740	107,822	6,048	113,870
資本的支出	24,633	16,878	4,635	72,034	10,122	12,496	13,697	154,495	5,354	159,849

住友化学の財務分析をキャッシュフロー計算書を中心に見てみよう。

①まず、キャッシュフロー計算書を図表6-8のように資金運用表に組み替えてみる

図表6-8　住友化学　資金運用表（H19/3期）

(単位：億円)

	運　　用			調　　達	
運転	売上債権増	57			
	棚卸資産増	303			
	仕入債務減	70			
	その他	352			
			(運転資金不足)	(782)	
固定	税金支払	394	税引前当期利益	1,811	
	配当金支払	266	減価償却費	1,139	
	設備投資	1,569	その他非現金項目	△345	
	投資有価証券増	102	(税引前現金利益)	(2,605)	
	出資金増	332	投資有価証券売却	446	
	その他	85			
	(固定資金余剰)	(303)			
財務	(運転資金不足)	(782)	(固定資金余剰)	(303)	
	コマーシャル・ペーパー減	60	短期借入金増	371	
	長期借入金返済	192	長期借入金増	164	
	社債償還	448	社債増	777	
	現金増	144	その他	11	

　固定資金面では、税引後現金利益を約2,200億円も計上している。これを積極的な設備投資や出資に充当しても固定資金に余剰が出ている。しかし、運転資金面では買入債務の減少もあり782億円の不足がでているため、借入残が若干増加している。これは積極的投資を支援するものであり評価すべきものである。

②次に諸キャッシュフローの比率を算出してみよう

　主要な指標を作成すると、図表6-9の通りである。いずれの指標も優れており、やや問題ありとすれば③の資産効率だけであろう。

図表6-9　諸キャッシュフロー比率

	B/S・P/L と C/F の比率		
① ROA（キャッシュフローベース）	営業CF／総資産	1,429億円／23,249億円	6.1%
② キャッシュフローマージン	営業CF／売上高	1,429億円／17,900億円	8.0%
③ 総資産回転率	売上高／総資産	17,900億円／23,249億円	0.77回
④ 1株当たり営業CF	営業CF／発行済株式数　1,429億円／1,655,446千株＝86.3		86円／株
⑤ 設備投資対営業CF比率	設備投資／営業CF	1,569億円／1,429億円	109.8%
⑥ 固定資産の回収年限	固定資産残／税引後利払後現金利益	13,290億円／2,211億円	6.0年
⑦ 営業CF対要償還債務の年間返済・償還合計額	営業CF／要償還債務の年間返済・償還合計額 1,429億円／640億円		2.2倍
⑧ インタレスト・カバレッジ・レシオ（キャッシュフローベース）	利払前・税引前の営業CF／支払利息　1,930億円／107億円		18.0倍
⑨ 要償還債務の償還年限	要償還債務残高／営業CF	4,359億円／1,429億円	3.1年

（注）要償還債務とは，収益償還の対象となる長期借入金と社債である。

③セグメント情報との比較

次いでセグメント別にキャッシュフロー状況を見てみる（図表6-10, 11）。

図表6-10　セグメント別現金利益及びROA（キャッシュフローベース）（H19／3期）

	基礎化学	石油化学	精密化学	情報電子化学	農業化学	医薬品	その他	計
現金利益（億円）	216	334	144	336	281	499	115	1,925
現金利益／総資産	8.5%	6.2%	14.3%	10.3%	12.1%	11.9%	4.1%	8.9%
現金利益／売上高	6.6%	6.1%	14.6%	12.3%	14.1%	21.3%	5.6%	10.2%
売上高／総資産（回）	1.3	1.0	1.0	0.8	0.9	0.6	0.7	0.9

図表6-11　セグメント別営業利益およびROA（会計ベース）（H19／3期）

	基礎化学	石油化学	精密化学	情報電子化学	農業化学	医薬品	その他	計
営業利益（億円）	135	236	131	35	232	562	80	1,411
営業利益／総資産	5.3%	4.4%	13.0%	1.1%	10.0%	13.4%	2.8%	6.6%
営業利益／売上高	4.1%	4.3%	13.3%	1.3%	11.6%	24.0%	3.9%	7.5%

ここでは各部門の営業利益6割と減価償却費の合計を税引後・利払前現金利益と仮定する。

合繊原料等の基礎化学，石油化学，機能性材料などの精密化学，液晶用偏

光フィルム等の情報電子化学,農業化学,医薬品等多岐にわたりバランスのよいセグメントの構成となっている。特に高収益部門の精密化学,医薬品や古くから手がけている農業化学等のスペシャリティに強い特色を持っており,全社を通じ不採算部門を持っていないことも,安定収益を挙げている大きな理由の一つとして特筆される。

なお,償却後の営業利益ベースでは,減価償却費の負担が大きく(特に情報電子化学),当期のROA(営業利益ベース)は大きく落ち込んでいる。

第7章

割引キャッシュフロー法（DCF 法）と企業価値評価

1　企業価値と株主資本価値

　本書の前半部分では主としてキャッシュフロー表の内容及びその分析方法について述べてきた。今後，後半部分では，キャッシュフローと企業価値評価というテーマへ移っていく。

　事業投資を含め，あらゆる投資を財務の観点から価値評価する場合，割引キャッシュフロー法（Discounted Cash Flow：DCF）と呼ばれる方法を用いる。これは次の三つのプロセスで構成される。

　まず，①投資が将来生むキャッシュフロー（現金利益）の予測，②そのキャッシュフローを割引き，現在価値合計の算出，③その割引率として適正な資本コストの採用の三つである。したがって，キャッシュフロー，割引き，資本コストという三要素を使って投資物件の価値を算出する。

　まず，企業価値とは何か検討しよう。

　経営者は，企業価値の最大化を事業の目的とし，株式会社においては，株主持分である株主資本価値及びその1株当たりの価値である株価を最大にする努力をする。

企業が負債を利用しているときは，投資（資産）の生み出す将来のキャッシュフローの現在価値合計をまず算出し，そこから負債を控除し，株主資本価値を計算する。

　負債を利用せず，株主資本のみから構成される場合には，企業価値が株主資本価値となる。企業の株主資本価値は会計的には貸借対照表の資本の部の合計として示されるが，コーポレートファイナンスにおいては，将来キャッシュフローの現在価値が基本になる。

　また，経営者の財務的意思決定上，最も大切な設備投資については，投資によりそれを上回る企業価値の増加が見込まれる場合のみ承認されることとなる。投資案の経済性評価については，第8章で検討する。

2	資本還元価値（割引き）

　ついで，将来のキャッシュフローの資本化価値ないし資本還元価値について説明しよう。

　資本化とは，投資からもたらされるキャッシュフローを一定の利子率で割引いて，その現在価値を求めることを言う。将来さまざまなタイミングで発生するキャッシュフローは，この割引きによってすべて現在価値に還元されて，ゼロ時点のキャッシュに一本化され，これが，現在の資本（投資）価値と言われる。以下割引きについて説明する。

(1) 複利計算と割引計算

　まず貨幣の時間的価値を理解する。ここで貨幣とキャッシュは同じもので

図表 7-1　複利計算

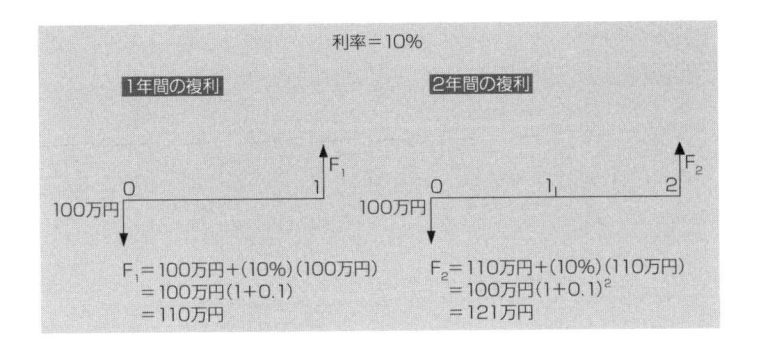

利率＝10％

【1年間の複利】

100万円 → F_1

$F_1 = 100万円 + (10\%)(100万円)$
$= 100万円(1+0.1)$
$= 110万円$

【2年間の複利】

100万円 → F_2

$F_2 = 110万円 + (10\%)(110万円)$
$= 100万円(1+0.1)^2$
$= 121万円$

ある。

現在の100万円は将来の100万円以上の価値があり，これを貨幣の時間的価値という。現在キャッシュがあれば何らかの投資に利用してその間の投資収益が得られるので少なくともこの価値が将来の同額のキャッシュよりは大きい。

このようにお金は時間的価値を持つので，異なる時点で発生するキャッシュフローを比較するためには，複利計算と割引計算を考慮する必要がある。預金をしたことのある人なら誰でも，複利計算のことは知っている。年利10％の預金に100万円預けると，1年後には110万円になる。2年なら121万円になる。複利計算とは現在価値から将来価値を算出するプロセスである（図表7-1）。

割引計算とは複利計算の逆で，将来価値から現在価値を求めるプロセスである。年利10％のリターンの下で，1年後に100万円を手にするためには今90.9万円投資をすればよい。これが100万円の現在価値である。もし今90.9万円持っていて年利10％で投資をすると，1年後に100万円になることを意味する（$90.9 \times (1+0.10) = 100$）。

さらに，2年後に100万円受け取るためには，現在82.6万円を投資すれば

図表 7-2　割引計算

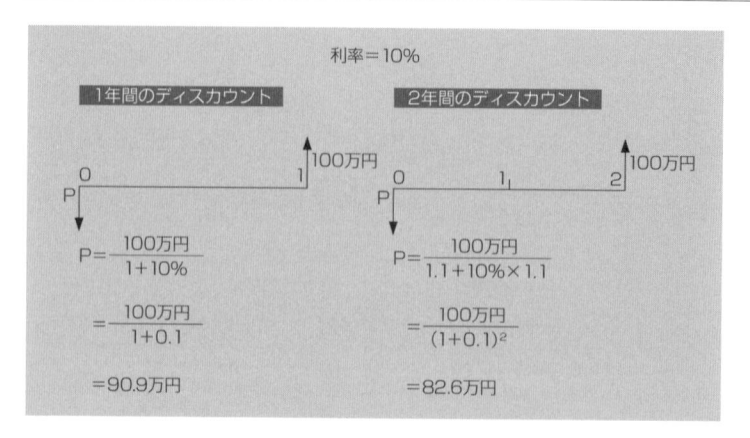

よい。年利10％で運用すると2年後に100万円になる（図表7-2）。複利計算は，現在価値から将来価値に引き直し，割引計算は将来価値から現在価値を求めるプロセスである。

(2) 複利現価係数と年金現価係数

次いで複利現価係数と年金現価係数を説明しよう。

①複利現価係数

5年後に100万円の支払が予定されているので，今から年利7％（年複利）の預金で運用しておきたい。今，いくら預けておけばよいか考える。

必要額をPとすれば，1年後の元利合計は$P \times (1+0.07)$，2年後は$P \times (1+0.07) \times (1+0.07)$となり，5年後の元利合計は$P \times (1+0.07)^5$となる。これが100万円に等しいわけだから，次の通りになる。

P×(1+0.07)^5 = 100万円

P = 100万円 × $\dfrac{1}{(1+0.07)^5}$

この 1／(1＋0.07)^5 のことを複利現価係数という。この意味は，金利7％で5年間複利運用したと仮定して，5年後の100万円と同価値の現在価値を算出するために用いる係数である。この係数はいちいち計算しなくても，図表7-3のように数表として表わされている。この中で年数（n）5年，金利（i）7％の複利現価係数は0.7130となっているので，以上の計算の答えは次のようになる。

P = 100万円×0.7130 = 71万3,000円

したがって，5年後の100万円の現在価値は，金利7％の複利運用を前提にすれば，71万3,000円ということになる。

現在の元金をP，1期間の利子率をiとすると，第1期末の元利合計S_1は次のようになる。

S_1 = P(1 + i)

同じくn期末の元利合計S_nは次のようになる。

S_n = P(1 + i)^n

したがって，n期末の元利合計S_nから利子率iの時に現在価値Pを求める式は，次のようになる。

P = $\dfrac{S_n}{(1+i)^n}$ = S_n × $\dfrac{1}{(1+i)^n}$

この $\dfrac{1}{(1+i)^n}$ を複利現価係数という。

図表 7-3　複利現価表

算出方法 $= \dfrac{1}{(1+i)^n}$

n＼i	1%	2%	3%	4%	5%	6%	7%	8%	9%	10%	15%	20%	25%	30%	35%	40%
1	0.9901	0.9804	0.9709	0.9615	0.9524	0.9434	0.9346	0.9259	0.9174	0.9091	0.8696	0.8333	0.8000	0.7692	0.7407	0.7143
2	0.9803	0.9612	0.9426	0.9246	0.9070	0.8900	0.8734	0.8573	0.8417	0.8264	0.7561	0.6944	0.6400	0.5917	0.5487	0.5102
3	0.9706	0.9423	0.9151	0.8890	0.8638	0.8396	0.8163	0.7938	0.7722	0.7513	0.6575	0.5787	0.5120	0.4552	0.4064	0.3644
4	0.9610	0.9238	0.8885	0.8548	0.8227	0.7921	0.7629	0.7350	0.7084	0.6830	0.5718	0.4823	0.4096	0.3501	0.3011	0.2603
5	0.9515	0.9057	0.8626	0.8219	0.7835	0.7473	0.7130	0.6806	0.6499	0.6209	0.4972	0.4019	0.3277	0.2693	0.2230	0.1859
6	0.9420	0.8880	0.8375	0.7903	0.7462	0.7050	0.6663	0.6302	0.5963	0.5645	0.4323	0.3349	0.2621	0.2072	0.1652	0.1328
7	0.9327	0.8706	0.8131	0.7599	0.7107	0.6651	0.6227	0.5835	0.5470	0.5132	0.3759	0.2791	0.2097	0.1594	0.1224	0.0949
8	0.9235	0.8535	0.7894	0.7307	0.6768	0.6274	0.5820	0.5403	0.5019	0.4665	0.3269	0.2326	0.1678	0.1226	0.0906	0.0678
9	0.9143	0.8368	0.7664	0.7026	0.6446	0.5919	0.5439	0.5002	0.4604	0.4241	0.2843	0.1938	0.1342	0.0943	0.0671	0.0484
10	0.9053	0.8203	0.7441	0.6756	0.6139	0.5584	0.5083	0.4632	0.4224	0.3855	0.2472	0.1615	0.1074	0.0725	0.0497	0.0346
11	0.8963	0.8043	0.7224	0.6496	0.5847	0.5268	0.4751	0.4289	0.3875	0.3505	0.2149	0.1346	0.0859	0.0558	0.0368	0.0247
12	0.8874	0.7885	0.7014	0.6246	0.5568	0.4970	0.4440	0.3971	0.3555	0.3186	0.1869	0.1122	0.0687	0.0429	0.0273	0.0176
13	0.8787	0.7730	0.6810	0.6006	0.5303	0.4688	0.4150	0.3677	0.3262	0.2897	0.1625	0.0935	0.0550	0.0330	0.0202	0.0126
14	0.8700	0.7579	0.6611	0.5775	0.5051	0.4423	0.3878	0.3405	0.2992	0.2633	0.1413	0.0779	0.0440	0.0253	0.0150	0.0090
15	0.8613	0.7430	0.6419	0.5553	0.4810	0.4173	0.3624	0.3152	0.2745	0.2394	0.1229	0.0649	0.0352	0.0195	0.0111	0.0064
16	0.8528	0.7284	0.6232	0.5339	0.4581	0.3936	0.3387	0.2919	0.2519	0.2176	0.1069	0.0541	0.0281	0.0150	0.0082	0.0046
17	0.8444	0.7142	0.6050	0.5134	0.4363	0.3714	0.3166	0.2703	0.2311	0.1978	0.0929	0.0451	0.0225	0.0116	0.0061	0.0033
18	0.8360	0.7002	0.5874	0.4936	0.4155	0.3503	0.2959	0.2502	0.2120	0.1799	0.0808	0.0376	0.0180	0.0089	0.0045	0.0023
19	0.8277	0.6864	0.5703	0.4746	0.3957	0.3305	0.2765	0.2317	0.1945	0.1635	0.0703	0.0313	0.0144	0.0068	0.0033	0.0017
20	0.8195	0.6730	0.5537	0.4564	0.3769	0.3118	0.2584	0.2145	0.1784	0.1486	0.0611	0.0261	0.0115	0.0053	0.0025	0.0012
21	0.8114	0.6598	0.5375	0.4388	0.3589	0.2942	0.2415	0.1987	0.1637	0.1351	0.0531	0.0217	0.0092	0.0040	0.0018	0.0009
22	0.8034	0.6468	0.5219	0.4220	0.3418	0.2775	0.2257	0.1839	0.1502	0.1228	0.0462	0.0181	0.0074	0.0031	0.0014	0.0006
23	0.7954	0.6342	0.5067	0.4057	0.3256	0.2618	0.2109	0.1703	0.1378	0.1117	0.0402	0.0151	0.0059	0.0024	0.0010	0.0004
24	0.7876	0.6217	0.4919	0.3901	0.3101	0.2470	0.1971	0.1577	0.1264	0.1015	0.0349	0.0126	0.0047	0.0018	0.0007	0.0003
25	0.7798	0.6095	0.4776	0.3751	0.2953	0.2330	0.1842	0.1460	0.1160	0.0923	0.0304	0.0105	0.0038	0.0014	0.0006	0.0002

②年金現価係数

次いで年金現価係数を検討し，同じく次の計算例で考えてみよう。

Cさんは，来年から10年間，毎年100万円ずつ年金を受け取りたい。金利7％で運用するとして，現在いくら元本が必要か。

必要額をPとすると，Pは次の合計となる。

1年目の100万円を支払うために現在預けておくべき資金

$$\frac{100}{(1+0.07)}$$ （100万円に金利7％，期間1年の複利現価係数を掛けたもの）

同じく2年目の100万円用資金

$$\frac{100}{(1+0.07)^2}$$ （100万円に金利7％，期間2年の複利現価係数を掛けたもの）

⋮

10年目の100万円用資金

$$\frac{100}{(1+0.07)^{10}}$$ （100万円に金利7％，期間10年の複利現価係数を掛けたもの）

したがってPは，1年から10年目までの年金の現在価値の合計となる。

$$P = \frac{100}{(1+0.07)} + \frac{100}{(1+0.07)^2} + \cdots\cdots + \frac{100}{(1+0.07)^{10}}$$

$$= 100 \times \left[\frac{1}{(1+0.07)} + \frac{1}{(1+0.07)^2} + \cdots\cdots + \frac{1}{(1+0.07)^{10}} \right]$$

$$= 100 \times \left[\frac{(1+0.07)^{10} - 1}{0.07 \times (1+0.07)^{10}} \right]$$

図表 7－4　年金現価表

算出方法 $= \dfrac{(1+i)^n - 1}{i(1+i)^n}$

n \ i	1%	2%	3%	4%	5%	6%	7%	8%	9%	10%	15%	20%	22%
1	0.9901	0.9804	0.9709	0.9615	0.9524	0.9434	0.9346	0.9259	0.9174	0.9091	0.8696	0.8333	0.8197
2	1.9704	1.9416	1.9135	1.8861	1.8594	1.8334	1.8080	1.7833	1.7591	1.7355	1.6257	1.5278	1.4915
3	2.9410	2.8839	2.8286	2.7751	2.7232	2.6730	2.6243	2.5771	2.5313	2.4869	2.2832	2.1065	2.0422
4	3.9020	3.8077	3.7171	3.6299	3.5460	3.4651	3.3872	3.3121	3.2397	3.1699	2.8550	2.5887	2.4936
5	4.8534	4.7135	4.5797	4.4518	4.3295	4.2124	4.1002	3.9927	3.8897	3.7908	3.3522	2.9906	2.8636
6	5.7955	5.6014	5.4172	5.2421	5.0757	4.9173	4.7665	4.6229	4.4859	4.3553	3.7845	3.3255	3.1669
7	6.7282	6.4720	6.2303	6.0021	5.7864	5.5824	5.3893	5.2064	5.0330	4.8684	4.1604	3.6046	3.4155
8	7.6517	7.3255	7.0197	6.7327	6.4632	6.2098	5.9713	5.7466	5.5348	5.3349	4.4873	3.8372	3.6193
9	8.5660	8.1622	7.7861	7.4353	7.1078	6.8017	6.5152	6.2469	5.9952	5.7590	4.7716	4.0310	3.7863
10	9.4713	8.9826	8.5302	8.1109	7.7217	7.3601	7.0236	6.7101	6.4177	6.1446	5.0188	4.1925	3.9232
11	10.3676	9.7868	9.2526	8.7605	8.3064	7.8869	7.4987	7.1390	6.8051	6.4951	5.2337	4.3271	4.0354
12	11.2551	10.5753	9.9540	9.3851	8.8633	8.3838	7.9427	7.5361	7.1607	6.8137	5.4206	4.4392	4.1274
13	12.1337	11.3484	10.6350	9.9856	9.3936	8.8527	8.3577	7.9038	7.4869	7.1034	5.5831	4.5327	4.2028
14	13.0037	12.1062	11.2961	10.5631	9.8986	9.2950	8.7455	8.2442	7.7862	7.3667	5.7245	4.6106	4.2646
15	13.8651	12.8493	11.9379	11.1184	10.3797	9.7122	9.1079	8.5595	8.0607	7.6061	5.8474	4.6755	4.3152
16	14.7179	13.5777	12.5611	11.6523	10.8378	10.1059	9.4466	8.8514	8.3126	7.8237	5.9542	4.7296	4.3567
17	15.5623	14.2919	13.1661	12.1657	11.2741	10.4773	9.7632	9.1216	8.5436	8.0216	6.0472	4.7746	4.3908
18	16.3983	14.9920	13.7535	12.6593	11.6896	10.8276	10.0591	9.3719	8.7556	8.2014	6.1280	4.8122	4.4187
19	17.2260	15.6785	14.3238	13.1339	12.0853	11.1581	10.3356	9.6036	8.9501	8.3649	6.1982	4.8435	4.4415
20	18.0456	16.3514	14.8775	13.5903	12.4622	11.4699	10.5940	9.8181	9.1285	8.5136	6.2593	4.8696	4.4603
21	18.8570	17.0112	15.4150	14.0292	12.8212	11.7641	10.8355	10.0168	9.2922	8.6487	6.3125	4.8913	4.4756
22	19.6604	17.6580	15.9369	14.4511	13.1630	12.0416	11.0612	10.2007	9.4424	8.7715	6.3587	4.9094	4.4882
23	20.4558	18.2922	16.4436	14.8568	13.4886	12.3034	11.2722	10.3711	9.5802	8.8832	6.3988	4.9245	4.4985
24	21.2434	18.9139	16.9355	15.2470	13.7986	12.5504	11.4693	10.5288	9.7066	8.9847	6.4338	4.9371	4.5070
25	22.0232	19.5235	17.4131	15.6221	14.0939	12.7834	11.6536	10.6748	9.8226	9.0770	6.4641	4.9476	4.5139

カッコ内の係数を年金現価係数といい，金利7％を前提として100万円の年金を10年間受け取るため現在預けておくべき元本を算出するものである。この数字も年金現価係数として図表8-4から得られる。年数（n）10年，金利（i）7％の数値を見ると7.0236となる。したがって，必要とされる元本は，702万3,600円（100×7.0236）となる。

数式で見てみると，次のようになる。毎年同額のキャッシュフロー（年金）をRとし，Rがn年間継続する場合，金利をiとすると，n年間の年金の現在価値Pは次の式から求められる。

$$P = \frac{R}{1+i} + \frac{R}{(1+i)^2} + \cdots + \frac{R}{(1+i)^n}$$

$$= R \left[\frac{(1+i)^n - 1}{i(1+i)^n} \right]$$

この $((1+i)^n - 1)/i(1+i)^n$ を年金現価係数という。

(3) 永久還元

年金現価係数の応用として，年金が永遠に続く場合を検討しよう。例えば，英国政府が発行する永久債を考えると，この国債は，元本の償還期限がないが，一定の金利を永久に支払いつづけることが約束されている。このような，将来のキャッシュフローが永遠に続く投資物件の現在価値を求めるためには，次の式を用いる。

Rを毎年同額のキャッシュ・インフロー，iを割引率，Pを現在価値とする。

$$P = \frac{R}{i} \qquad また，\quad i = \frac{R}{P}$$

この永久還元の式は，長期にわたる投資物件の価値を簡単に求める時によく使われる。

3 キャッシュフロー予測上の留意点

　企業価値算定の上で最も難しいのが将来のキャッシュフロー（現金利益）の予測である。予測のためには，対象企業の経営力，市場環境，製品戦略，研究開発，生産体制，財務戦略などすべてにわたって十分調査し，冷静な判断を必要とする。ここではこれらについては触れず，キャッシュフロー計測上財務面で重要な留意事項を述べる。

(1) 税金の影響（税引後ベースが原則）

　原則としてキャッシュフローは税引後で考えるべきである。税金は，キャッシュフローに大きな影響を与える。ここではその税効果を見てみよう。
　法人税や住民税などのいわゆる収益課税は，キャッシュフローに大きな影響を与える。実効税率をここで仮に40％として図表7-5を使って税金の影響を検討する。

図表 7-5　税引後キャッシュフロー

	Ⅰ (設備投資前)	Ⅱ (設備投資後)	Ⅱ-Ⅰ (増分)
売上高	1,000	1,400	400
－現金費用	600	800	200
－減価償却費	200	300	100
税引前利益	200	300	100
－税金（40％）	80	120	40
税引後利益	120	180	60
＋減価償却費	200	300	100
税引後キャッシュフロー	320	480	160

ケースⅠは，設備投資前であり，設備投資後にケースⅡが達成されたとする。ケースⅠとⅡを比較し，税金の影響を検討する。

最初に税引前のキャッシュフロー（償却前利益）をみると，Ⅰの400（200+200）がⅡの600（300+300）へと200増加している。これを要因別に見ると，売上高増400から現金費用増200を差し引いた金額である。

次いで税引後のキャッシュフローを見ていく。

① まず，売上高が400増加すると，税引前利益は400増えるが，それに税金が40％かかるので税引後では400の60％の240しかキャッシュフローは増加しない。

② 現金費用が200増加すると，税引前利益は200減少するが，その40％は税金がかからなくなるので，税引後キャッシュフローは200の60％の120しか減少しない。

③ 減価償却費が100増加すると，税引前利益は100減少し税引後では，100の40％の40ほど税金支払が少なくなる。このため，税引後のキャッシュフローが40増加する。

④ 以上，240から120控除し，40加えると最終的には160に増加する。

税金がキャッシュフローへ与える影響を要約すると次の通りとなる。

① 現金売上
　現金売上が増えると，税引後の最終的なキャッシュフローは売上増加額×税率だけ減少する。

② 現金費用支出
　人件費などの現金の支出を伴う費用が増えると，税引後のキャッシュフローは，費用増加額×税率だけ増加する。

③ 減価償却費
　減価償却費が増えると税引後の最終的なキャッシュフローは増加額×税率だけ増える。式で表示すると次のようになる。

$$税引後CF = 税引前CF - 売上増加額 \times 税率 + 現金費用増加額 \times 税率$$
$$+ 減価償却費 \times 税率$$

　このように，減価償却費は会計上の費用であるが，現金の支出は発生せず，税法上は損金として認められ，利益を計上している企業では節税が可能である。
　その結果，減価償却費×税率の金額分，キャッシュフローの増加をもたらす。このことを減価償却費の節税効果（タックス・シールド）という。

(2) 運転資金とキャッシュフロー

　キャッシュフローを検討するときに，運転資金（増減）をどう取り扱うかという問題がある。原則としては，設備投資稼働時からの増加運転資金を毎期のキャッシュフローのマイナス要因として算入し，後は，設備の稼働終了時に所要運転資金残高，即ち累積運転資金（売上債権残＋棚卸資産残－買入債務残）がキャッシュ・インフローとして回収される形で把握する。しかし，簡便法として，運転資金を考慮しないことも多い。
　この点も含め，筒井が過去10年間（1984年4月～94年3月）の日本企業の経常収支を研究し，運転資金項目がさほどキャッシュフローに影響を与えていないことを実証した。やや資料が古いが，以下その要約である（図表7-6）。

図表 7－6　業種別・要因別に見た主要企業の経常収支状況（1984/4～94/3,10年間平均）

（単位：%）

	(A)	(B)	(C)	(D)	合計
製造業	4.4	3.9	0.3	△0.04	8.6
建設業	3.9	0.6	0.3	△1.80	3.0
卸売業	0.5	0.08	0.08	△0.08	0.58

（資料：日本銀行主要企業分析 筒井加工）

①企業の収支は，総合的に見ると経常収支と経常外収支に分けられる。

総合収支＝経常収支＋経常外収支

このうち経常収支は，二つの式で示すことができる。
（イ）経常収支＝（経常利益＋減価償却費＋引当金期中増）－運転資金期中増
（ロ）経常収支＝経常収入－経常支出

（イ）の式は資金運用表に，（ロ）の式は資金移動表，資金繰り表に利用される。
（イ）の式は，経常収支の過不足の状況を，損益要因と運転資金要因に分けて説明することができるが，経常収支（差）の大きさを経常収入（支出）の大きさとを比べることができない。

また（ロ）の式は経常収支（差）を収入（支出）の大きさと関連させて捉えることはできるが，経常収支の過不足を要因別に捉えることはできない。

②企業の経常収支状況を，経常収支比率の高さや変動と関連させて捉えるために（イ）の式の両辺を売上高で割って加工する。

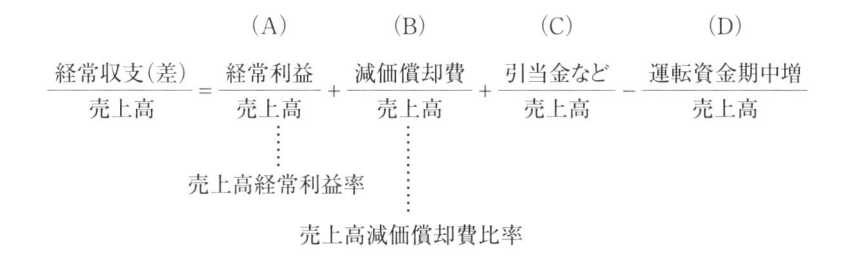

$$\underset{}{\frac{経常収支（差）}{売上高}} = \underset{(A)\ 売上高経常利益率}{\frac{経常利益}{売上高}} + \underset{(B)\ 売上高減価償却費比率}{\frac{減価償却費}{売上高}} + \underset{(C)}{\frac{引当金など}{売上高}} - \underset{(D)}{\frac{運転資金期中増}{売上高}}$$

③経常収支比率は，建設業，製造業，卸売業などの業種別に大きな差がある。
業種別に見ると，減価償却費／売上高の差が大きい。
製造業の減価償却費のウエイトが高いことは，経常外支出（設備投資額）が大きいことを示すものであるから，経常収支は経常外収支の構造と関連さ

せて，総合収支の形で検討することが大切である。

運転資金要因は，長期的に見ると製造業，卸売業とも寄与の割合は少ない。ただし，建設業では景気変動が大きな年度には大きな変動要因となる。

製造業では，経常収支比率は長期的に見て安定している。売上高と経常利益率が低下する年度には，運転資金要因がプラス（増加）要因となる。

④運転資金要因は，増（減）収率が大きい年度にはその影響が出る。

いずれの業種でも，運転資金は好況期にはマイナス要因，不況期にはプラス要因となる。運転資金要因は次の式で説明できる。

$$\frac{運転資金期中増}{売上高} = \frac{運転資金}{売上高} \times \frac{運転資金期中増}{運転資金} = \boxed{運転資金率} \times \boxed{売上増加率}$$

運転資金率は，分母が月売上高であれば運転資金月数（回転期間）になり2ヶ月程度になっているが，年商換算すれば0.17となる。これに売上高の対前年増減率をかけるので，経常収支比率に与える影響は少ない。

(3) 金利控除前のキャッシュフロー（EBITDA と NOPAT）

金利を含めあらゆる金融費用は，主として事業用価値で構成される企業価値評価に用いるキャッシュフローには影響させてはならない。なぜならば，事業価値（資産価値）そのものは，その資金調達の影響は受けず調達構造から基本的独立したものであるから，負債ゼロの状況を前提として算定するからである。

従って，企業評価に用いられる現金利益は償却前・金利支払前・税引後利益となる。

これは簡略式として、次の式で求められる。

営業利益×(1－税率)＋減価償却費

一般に金利・税金・償却費負担前利益（Earnings before Interest, Tax, Depreciation, Amortization：EBITDA）から税を差し引いたものである。

なお、営業利益×(1－税率)のことを、税引後営業利益（Net Operating Profit after Tax：NOPAT）と呼ぶ。

4　資本コスト（割引率）

割引率は通常資本コストといわれている。これは企業へ資金を供給した債権者（銀行）及び株式投資家（株主）が資金提供の対価として要求するコストであり、他の投資物件へ投資したと仮定した場合の利回りを機会コストとして要求する。これについては、第10章で詳述する。

第8章

設備投資の経済性評価

　企業において将来の収益を生み出すのは設備投資であるから，企業価値の大小は，設備投資の経済性（採算性）により決定される。企業価値評価に移る前に，ここでは設備投資の採算性評価の方法を検討しよう。採算性評価は現在価値法（DCF法）が中心であるが，そのほか回収期間法，会計的投資利益率法（ROI法）もきわめて重要である。

1　現在価値法（DCF法）のあらまし

　設備投資の経済性評価は，現在価値法を中心にして行うべきである。この方法は将来のキャッシュフローを現在価値に割引いて，投資の良否を判別する方法で，割引キャッシュフロー法（DCF法）とも呼ばれる。現在価値法には正味現在価値法（NPV法）と内部利益率法（IRR法）の二つがある。

(1) 正味現在価値法（NPV法：Net Present Value）

①現金利益の重要性

　正味現在価値法とは，投資により得られる一連のキャッシュフロー（現金利益）を，資本コストで割り引いた現在価値の合計が当初の設備投資額より大きければ投資を実行するという方法である。資本コストについては次章で詳述するが，ここでは取りあえず調達金利と考えて議論を進めたい。

　次の例で考えてみよう。

　今，設備5,000万円を取得し，その後5年間にわたって1,000万円のキャッシュ・インフローが得られる投資がある。この投資は実行すべきだろうか。資本コストは8％とする。

　まず設備投資額の現在価値であるが，現在一度に5,000万円を現金で支払っているので，そのまま5,000万円のキャッシュ・アウトフローとなる。一方，設備投資により将来得られるキャッシュフロー（現金利益）の合計は単純に合計すると，5,000万円であるが，現在価値に直す必要がある。年金現価係数（n＝5年，i＝8％）を用いて計算すると，1,000万円×3.9927=3992.7万円と，5,000万円をかなり下回る。

　このように，貨幣の時間的価値を考慮しなければ，投資をしてもしなくても同じと判断された案件が，金利を考慮すると，とても実施できない案件であることが明らかになる。NPVを数式で表わすと，次の通りとなる。

$$NPV = \frac{R_1}{1+i} + \frac{R_2}{(1+i)^2} + \cdots\cdots + \frac{R_n}{(1+i)^n} - I$$

$$= \sum_{t=1}^{n} \frac{R_t}{(1+i)^t} - I$$

　　R_t：キャッシュフロー

　　i：資本コスト

　　t：年（1年目からn年まで投資のキャッシュフローが発生）

　　I：投資額

ここで次のように判断する。

　NPV > 0　であれば投資を実行

　NPV < 0　であれば投資を不採用

キャッシュフロー(R) が毎期同額であれば，NPV は次のようになる。

$$\text{NPV} = R\left[\frac{(1+i)^n - 1}{i(1+i)^n}\right] - I$$

なお，設備投資支出が数年間に及ぶときは，各年の設備投資支出額の現在価値を合計し，それとキャッシュフローの現在価値の合計額を比較することになる。

(2) 内部利益率法 (IRR 法：Internal Rate of Return)

　NPV 法では，資本コストが与えられた上で正味現在価値を計算した。しかしこの IRR 法では，正味現在価値がちょうどゼロとなるような割引率を計算する。

　すなわち，この割引率が資本コストと同一になれば，投資を行ってもちょうど収支はトントンになる。この割引率のことを内部利益率 (IRR) という。

　簡単なケースで見てみよう。

　設備投資7,000万円により，その後10年間にわたって毎年1,000万円のキャッシュ・インフローの発生が見込まれる。この時の IRR を計算する。

　IRR を r とすると，正味現在価値は次の形となる。

$$\text{NPV} = 1{,}000 \times 年金現価係数(n=10年, i=r) - 7{,}000$$

$$= 1{,}000 \times \left[\frac{(1+r)^{10}-1}{r(1+r)^{10}} \right] - 7{,}000$$

このNPVがゼロとなるrを計算することになる。

$$年金現価係数 = \frac{7{,}000}{1{,}000} = 7.0$$

このrを求めるのは，キャッシュフローが年金になっている場合は年金現価係数を利用できる。ここでは，年数（n）が10年の年金現価表を見ると，7.0に近い数字は7％の所で7.0236があるので，rは大体7％と推測される。しかし，キャッシュフローが年毎に異なっている場合は，かなり手間であった。

しかし現在では，表計算ソフトを使って簡単にパソコンで計算ができるようになった。

さて，IRR法に基づきIRRを算出した後はどうするのだろうか。ここでその企業の資本コストが必要となってくる。つまり，算出されたIRRが資本コストより大きければ設備投資を実施（当然のことながらこの資本コストで計算されたNPVはプラスになる），IRRが資本コストより下回っていれば却下する。

以上の内容を数式で表わすと，次のようになる。内部利益率（IRR）は，次の式を満たすrで求められる。

$$I = \sum_{t=1}^{n} \frac{R_t}{(1+r)^t}$$

I ：設備投資額

R_t ：t年のキャッシュフロー

t ：年（n年間にわたりキャッシュフローが発生）

r ＞資本コスト　であれば投資を承認

r ＜資本コスト　であれば投資を却下

次のケースで現在価値法の理解を深めることとする。

2　現在価値法の事例

簡単な事例を使って計算してみたい。源運送は小規模のコンテナターミナルの建設を計画している。ターミナルの運営により10年間にわたりキャッシュフローが得られる。図表8-1は，それを簡単にキャッシュフロー表にしたものである。ターミナルの建設に40億円必要とし，その後10年にわたって毎年7.5億円の現金収入が予測される。更に10年後にターミナルを9.5億円で売却の予定なので，10年目には合計して17億円の収入が期待される。

図表 8−1　コンテナターミナルのキャッシュフロー

(単位：億円)

年	0	1	2	3	4	5	6	7	8	9	10
キャッシュフロー	△40	7.5	7.5	7.5	7.5	7.5	7.5	7.5	7.5	7.5	17

(1) 正味現在価値法（NPV法）

図表8-1のキャッシュフローを複利現価表と年金現価表を使って現在価値に置き直していく。同社が年率10％の資本コストを採用していたとすると，ターミナルへの投資におけるキャッシュフローの現在価値は，

$$\text{キャッシュフローの現在価値} = 5.759 \times 7.5\text{億円} + 0.386 \times 17\text{億円}$$

$$= 49.755\text{億円}$$

現在価値49.755億円の収益を将来生む設備に対して今40億円を支出する。この差額9.755億円が正味現在価値（NPV）である。

(2) 内部利益率法（IRR 法）

次に IRR を検討しよう。この例では，割引率10％を前提にすれば NPV がプラスなので，担当者は，採算性ありと判断し企画部に承認を求めた。

しかし，企画部では，割引率として12％が適正と考えた。そこで NPV を計算すると5.43億円となった（$5.318 \times 7.5 + 0.322 \times 17 - 40 = 5.434$）。以前の9.7億円に比べてかなり低い数字だが，一応基準はクリアーしたので最終決裁のため CFO（財務担当役員）へ回付した。

しかし CFO は，事業リスクを考慮して割引率18％を要求し，その結果，NPV は -4.481 億円となり，その提案は棄却された。

割引率15％になると NPV がちょうどゼロになる。この割引率を，投資の

図表 8-2 異なる割引率におけるコンテナ用ターミナル事業の NPV と IRR

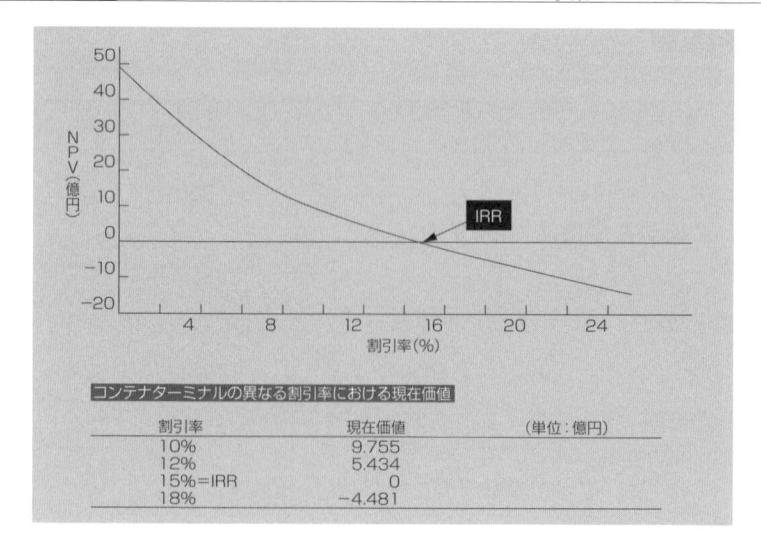

割引率	現在価値
10%	9.755
12%	5.434
15%=IRR	0
18%	-4.481

（単位：億円）

IRR という。

図表8-2にコンテナターミナルのNPVとIRRの関係を図示している。IRRは投資金額の複利の利回りを示している。

なお，NPVの算定上割引率として使用された資本コスト（cost of capital）については次章で検討するが，簡単に触れると投資の意思決定に際し，その投資プロジェクトに期待する必要最低限の収益率である。平たく言えばいくら悪くてもこれだけは最低限確保すべきという投資利回りである。

3　設備投資の経済性評価（回収期間法とROI法）

ここでDCF法以外の設備投資の評価方法を補足しよう。

(1) 回収期間法

回収期間法とは投資額を，その投資からもたらされる年々のキャッシュフローで回収するのに何年かかるかを見るものである。

いわゆる収益による回収年限といわれているもので，次の式で計算される。

$$回収期間 = \frac{設備投資}{予想年間キャッシュフロー（増加分）〔税引後利益＋減価償却費〕}$$

判断基準：回収期間の短さ

分母のキャッシュフローは，設備投資完了後，安定的に操業できるようになった段階のものを予想する。また，いうまでもなく，このキャッシュフロ

ーは設備投資によってもたらされた増加分である。

　この方法は回収期間の長短によって投資の採用を検討する。例えば，一般機械工業の場合，通常7年以内で回収されるので，仮に回収期間が10年超と見込まれると，この案件は見送りということになる。代替案を比較選択する場合は短い方を採用する。

　この方法は，基本的には設備投資を資金繰りあるいは流動性の面から見たもので，設備に投下された資金が何年で回収されるかという資金計画のメドにも利用される。企業にとっては，設備投資の回収期間は，流動性の面でも，次の投資へ取りかかるメドをつけるためにも，極めて重要な指標である。

　なお，この考え方は設備資金を融資する金融機関にとっても基本となる見方であり，投資の収益性そのものより，いかに債権者として融資額をスムーズに回収できるかという点に重点を置いている。

　従来，設備投資資金の調達は銀行に依存することが多かったため，経営者としても，ほぼこうした金融機関の考え方にならって，回収期間の長短により危険度の大小，投資の良否をも判断しており，実務上最も利用されている。

　成長指向が強い企業では，早く投資を回収して次の設備投資を実施し，このサイクルの中で高成長を遂げてきたわけであり，成長すれば利益がついてきた日本経済の成長期には特に適していた方法である。

　回収期間法を調達側から見た指標として，次の要償還債務償還期間算定方法が金融機関を中心によく使われている。

$$償還年限 = \frac{要償還債務}{予想年間キャッシュフロー} = \frac{長期借入金+社債+設備支払手形}{税引後利益+減価償却費-社外分配金}$$

　銀行が長期資金を企業へ貸し出す時，何年で企業が借入金を返済できるかを見る。

　要償還債務としては，当該投資に関わる長期借入金，社債，設備支払手形

等に加え，長期運転資金の借入金も含めたほうがよい。

なお，設備投資単独の償還年限を計算する時は，予想キャッシュフローは設備投資効果のみで計算する。

しかし，既存の長期借入金残高をすべて含めた償還年限を計算する場合は，設備投資後の企業全体の予想キャッシュフローをもって算定する。

(2) 会計的投資利益率法（ROI法）

この方法は，一般的には投下資本に対する会計的利益（償却後利益）の率（ROI：Return on Investment）を求める方法で，次の式のように計算する。

$$会計的投資利益率(ROI) = \frac{予想営業利益（増加分）}{設備投資額＋増加運転資本}$$

＊増加運転資本＝（売上債権回転期間＋棚卸資産回転期間）×予想増加月商

判断基準：ROIと借入金利などの資金調達コストとの比較
　　　　：ROIと現ROAとの比較など

会計的利益とは，設備投資の費用を減価償却費の形で会計上負担した後の償却後利益のことであり，一般に利払前利益すなわち営業利益を使用する。

増加運転資本とは，設備投資による売上高増加に関わる売上債権や棚卸資産の増加のことをいう。場合によっては，ここから買入債務の増加を控除することもある。

会計的投資利益率を資金調達コスト，例えば借入金の利率と比較して投資の可否を判断する。

この方法は，企業における最重要指標である総資産利益率と同じ考え方である。総資産利益率（ROA：Return on Asset）は，企業が現在使用している（あるいは投資している）すべての資産から，どれだけの収益を上げてい

るか見るものである。式で表わすと,

　　総資産利益率（ROA）＝営業利益／総資産

となる。

　一方，ROIは，設備投資により現在の総資産に追加された資産が，どれだけの収益の増加を招いたかを見るもので，限界ROAというべきものである。

　したがって，ROIは設備投資の採算性の指標として適切なものといえるし，業績管理に利用される利益率と同じ考えなので理解しやすい。

　この会計的投資利益率法は，回収期間法よりも投資の収益性が判定できる。設備投資のコストを減価償却費の形で利益から控除することによって，年平均の利益率に反映させているからである。しかしながら，設備投資評価の基本的コンセプトであるキャッシュフローとなじまない欠点がある。したがってこの方法は，企業の財務会計システムに組み込まれた形で投資後の事後評価に主として使用される。

　なお，理論的にいえば，この比率は投資効果の存続中の平均をとるのが正しく，分母は平均残高，分子は期間中発生した営業利益の年平均をとる。しかし，実務的には，稼働後の一時点の数値を使うことが多い。

4　演習ケース

　ホテルカユは，次のようなホテル投資を検討している。当初5年間のP/L，B/S，C/F表を作成し，設備投資の採算性計算をしなさい。

（前提）
①設備投資額（次の投資が即時に立ち上がるものとする）

```
    土地              20億円
    設備（建物など） 30億円
    計               50億円
```

②資金調達

　資本金：20億円

　長期借入金：30億円（10年元本均等返済）

③設備の耐用年数：20年

　残存価額：0，定額法

④売上高：一年目からフル稼働し，年36億円，その後変わらず

　償却前営業利益率：20％

⑤税率は40％

⑥借入の場合は，長短とも年8％の金利。

⑦5年後に，簿価での売却を考えている。

⑧現金はキャッシュフローからの余剰資金で賄う。売掛金と棚卸は併せて月商の1ヶ月の残高を必要とし，一方，買掛金で月商の0.5ヶ月の金額を調達できる。

（考え方）

　まず，図表8-3のようにP/L，B/S，C/Fを展開する。ついでROIを計算する。ROIはB/Sの平残に営業利益の平均を出して算出する。

　IRRは，IRR算定用のCFを作成し算定する。

　なお，IRRの算定式は次の通りである。

$$-5{,}000{,}000 = \frac{440{,}400}{1+r} + \frac{583{,}200}{(1+r)^2} + \frac{573{,}600}{(1+r)^3} + \frac{564{,}000}{(1+r)^4} + \frac{554{,}400}{(1+r)^5} + \frac{4{,}400{,}000}{(1+r)^5}$$

図表 8-3　予想財務諸表

(単位：千円)

期		0	1	2	3	4	5	平均(1〜5)	5売却
P/L	売上高		3,600,000	3,600,000	3,600,000	3,600,000	3,600,000	3,600,000	
	GOP		720,000	720,000	720,000	720,000	720,000	720,000	
	減価償却費		150,000	150,000	150,000	150,000	150,000	150,000	
	営業利益		570,000	570,000	570,000	570,000	570,000	570,000	
	支払利息		246,000	228,000	204,000	180,000	156,000	202,800	
	税引前利益		324,000	342,000	366,000	390,000	414,000	367,200	
	法人税等		129,600	136,800	146,400	156,000	165,600	146,880	
	税引後利益		194,400	205,200	219,600	234,000	248,400	220,320	
C/F	税引前利益		324,000	342,000	366,000	390,000	414,000	367,200	
	減価償却費		150,000	150,000	150,000	150,000	150,000	150,000	
	資産売却							0	4,901,600
	長期借入金		0	0	0	0	0	0	
	増資		0	0	0	0	0	0	
	(固定資金調達)		474,000	492,000	516,000	540,000	564,000	517,200	
	税金支払		129,600	136,800	146,400	156,000	165,600	146,880	
	配当		0	0	0	0	0	0	
	設備投資		0	0	0	0	0	0	
	長期借入金返済		300,000	300,000	300,000	300,000	300,000	300,000	1,500,000
	余剰資金		44,400	55,200	69,600	84,000	98,400	70,320	3,101,600
	(固定資金運用)		474,000	492,000	516,000	540,000	564,000	517,200	
	売上債権・在庫		300,000	0	0	0	0	60,000	
	買入債務		150,000	0	0	0	0	30,000	-150,000
	(運転資金借入)		150,000	0	0	0	0	30,000	-150,000
B/S	現預金	0	44,400	99,600	169,200	253,200	351,600	153,000	
	売上債権・在庫	0	300,000	300,000	300,000	300,000	300,000	250,000	
	土地	2,000,000	2,000,000	2,000,000	2,000,000	2,000,000	2,000,000	2,000,000	
	建物	3,000,000	2,850,000	2,700,000	2,550,000	2,400,000	2,250,000	2,625,000	
	(資産計)	5,000,000	5,194,400	5,099,600	5,019,200	4,953,200	4,901,600	5,028,000	
	買入債務	0	150,000	150,000	150,000	150,000	150,000	125,000	
	短期借入	0	150,000	150,000	150,000	150,000	150,000	125,000	
	長期借入	3,000,000	2,700,000	2,400,000	2,100,000	1,800,000	1,500,000	2,250,000	
	払込資本	2,000,000	2,000,000	2,000,000	2,000,000	2,000,000	2,000,000	2,000,000	
	利益留保	0	194,400	399,600	619,200	853,200	1,101,600	528,000	
	(負債・資本計)	5,000,000	5,194,400	5,099,600	5,019,200	4,953,200	4,901,600	5,028,000	
	CF (IRR算定)	-5,000,000	440,400 注1	583,200	573,600	564,000	4,954,400 注2		

ROI　11.3%　　IRR　8.8%

(注1)　利払前・税引後・現金利益から増加運転資金を控除した（支払利息の税効果は修正していない）。
(注2)　事業資産の売却簿価を加えている。事業資産の売却簿価は、有形固定資産に所要運転資金残（売上債権残＋在庫残－買入債務残）を加算したもの。

この結果 IRR は，8.8％と算出された。

　資本コストは，株主資本コストを10％とし，当初の資本構成をもとに加重平均資本コストを計算すると，6.88％が得られる。したがって，この投資は了承される。

第9章

資本コストと設備投資

　設備投資に必要とする資金は，株主（投資家）と債権者によって提供されるが，これらの資金提供者は，その対価を当然要求する。その対価のことを資本コストと言う。では，その資本コストと設備投資がどう結びつくのだろうか。

1　資本コストの理論的意味

(1) 投資の最低必要収益率と資本コスト

　企業が設備投資をする場合は，いくつかの設備投資案の中から，最も投資収益率の高い順に選択していくが，後順位の案件になるにつれ，収益率が低下していき，図表9-1のようになる。
　一方，設備投資のために資金の調達が必要となるが，これは資金調達が増加するにつれそのコストは上昇していく。これは資本供給曲線として表示されており，この両者が交わる点で投資額が決定される。
　ここでは，資本コストが投資収益率と同率となるのでここまでの設備投資

図表 9-1　資本需要曲線と資本供給曲線

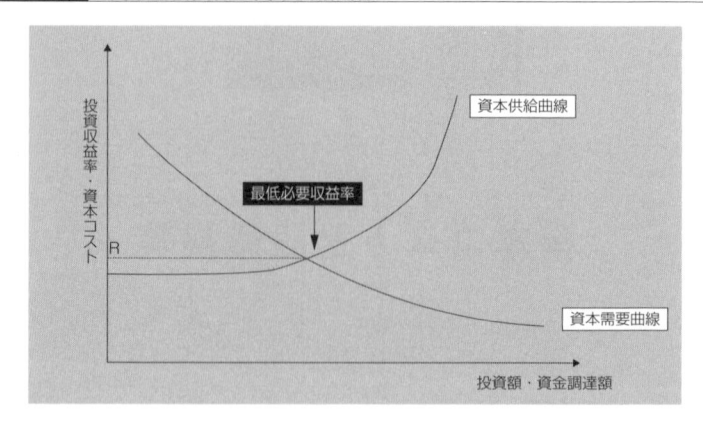

は承認されるが，この点を超えて設備投資をすると，資本コストが投資収益率を上回るので採算にのらない。この投資収益率は最低必要収益率と呼ばれる。また，これに満たない投資を拒否するという意味で拒否率とも呼ばれる。

したがって，企業が拒否率を資本コストとして設定し，これをもって設備投資の採算性を判断する基準とすればよい。企業が投資判断に用いる資本コストとは，いくら低くてもこれだけのものは達成せねばならないと企業が考える投資収益率，すなわち最低必要収益率であると定義できる。この最低必要収益率以上のリターンを投資より獲得できた時，企業価値が投資額を上回って増加する。

(2) 機会費用としての性格

このように，最低必要収益率を資本コストとする考え方は，一般にいわれている時価発行などの調達コストとは異なる。時価発行を行った時に通常コストとされるのは，外部への支払費用（利息や配当）と考えられてきた。こ

のためエクイティ・ファイナンスは資本コストがきわめて低く有利な資金調達だといわれてきた。

さらに利益留保で調達される株主資本については，資本コストゼロ，すなわち無原価資金であるとさえ言われてきたが，これは資本コストと調達コスト（支払コスト）の混同によるものである。たとえば，利益留保により調達された株主資本については配当の支払（支払コスト）がないため，資本コストはゼロと考えられてきたが，株主が配当を受け取る代わりに再投資（利益留保）するのは，企業がその資金を有利な投資に振り向けることにより，企業価値の増加を図ってくれることを期待しているわけであるから，当然相当の投資利回りを要求する。企業が利益留保を有利な投資へ振り向けることができないのであれば，株主はその分を配当で受け取り，自分で投資したほうがよい。

債権者や株主が，ある企業に資金を貸付または投資するとき，標準的な利回りを有する金融資産投資から稼ぐことのできるリターンを犠牲にしたわけであり，これ以上のリターンを要求する。これを機会費用と言っており，企業の資本コストとなる。つまり，資本提供者の期待利回りを満たすため，設備投資で稼ぐべき最小限のリターン（最低必要収益率）である。

なお，企業価値についていえば，企業が設備投資によって資本コスト以上のリターンをあげた場合，その超過利潤は最終的に株主のものとなり，その結果株価は上昇する。

以下，資本コストの算出方法を見ていこう。

①加重平均資本コスト（Weighted Average Cost of Capital；WACC）

バグース社は，負債1億円，株主資本2億円の安定した資本構成をもっている。

いま債権者は貸付に対し最低10%の利息を求め，株主は最低17%のリターンを期待すると仮定しよう。債権者と株主の期待に応えるため，バグース社

は現有の資産（投資残）を使って年にいくら利益をあげなければならないか考えてみる。

　債権者は1億円の貸付に対し10%のリターンである10百万円を要求する。しかし，利息の支払は税金が控除されるので，税率を40%とすると黒字企業の場合税引後の実質的なコストは6百万円である。一方，株主は2億円の投資に対し，17%のリターンである34百万円を期待する。合計すると，バグース社は40百万円稼がなければならない。

$((1-0.4)(10\%) \times 100 + (17\%) \times 200 = 40)$

　A社への総投資額は3億円であるから，要求される収益率は13.3%（＝40／300）であり，これを資本コストという。

　バグース社が既存資本で毎年稼がなければならない金額は，

$K_D(1-t)D + K_E E$

　ここで，税率をtとし，負債コストをK_D，Dは負債額であり，K_Eは資本の期待利回りまたは株主資本コスト，Eは株主資本である。

$$K_W = \frac{K_D(1-t)D + K_E E}{D + E}$$

となり，K_Wが資本コストである。

　このK_Wは加重平均資本コスト（WACC）と呼ばれる。

② **株主資本コスト**

（イ）配当割引モデル（DDM）

　株主資本コストの算定には，配当割引モデルと資本資産評価モデルの2つがある。まず，将来の配当をもとに資本コストを算定する方法を見ていく。

　今株主が年1株当たりd円の配当を永久に受け取ることを期待している

と仮定しよう。

現在の株価をPとすると，割引率K_Eの時，永久キャッシュフローの現在価値は，

$P = d / K_E$

で表わされる。これを割引率について解くと，

$K_E = d / P$

となる。

すなわち，投資家がある企業の株式が永久債と等価であると期待すれば，その株主資本コストは配当利回りに等しい。

さらに，株主が今後1株当たりd円の配当が永久に年率g％で成長することを期待しているとしよう。

割引率K_Eの時，期待される将来の配当の現在価値を求めると，

$$P = \frac{d}{K_E - g}$$

となり，割引率は

$$K_E = \frac{d}{P} + g$$

となる。

この式は，配当が永久に成長すると仮定すれば，株主資本コストが企業の配当利回り（d/P）プラス配当の成長率に等しくなることを意味する。この式は，企業評価によく利用される。

（ロ）資本資産評価モデル（CAPM）

株主資本コストを予測する上で，配当割引モデルよりよく利用されるのは資本資産評価モデルと言われ，リスクのある投資（リスク資産）の期待収益

をリスクとの対比で見るというアプローチである。市場から実績数字を得られるので利用しやすい。一般に，リスク資産の期待収益率は，次の三つの要素から構成される。

リスク資産の期待収益率＝リスクフリーレート＋インフレプレミアム
　　　　　　　　　　　＋リスクプレミアム

　この中で，リスクフリーレートは，リスクのない投資の実質利回りである。次のインフレプレミアムはインフレを織り込んでいる。リスクプレミアムは，リスクのある投資であれば，例えばハイリスクハイリターンのようにリスクに見合った分高い利回りを要求する。リスクフリーレート（実質）にインフレプレミアムを加えた利子率は国債のようなリスクのない債券の期待収益率に等しいため，リスクフリーレート（名目）という。

リスク資産の期待収益率＝国債の利子率（リスクフリーレート）
　　　　　　　　　　　＋リスクプレミアム

　リスクプレミアムの実績は米国では次の通りである。
　リスク資産を普通株式とした時，1926年から1998年までの普通株式の毎年の利回りが国債利回りを平均7.5％上回っていた。これは，リスクある投資を行った株式投資家は，国債保有者より年率7.5％高いリターンを得たことになる。
　日本では，バブル時もあり十分なデータがないが，一般に4～6％程度と言われている。
　次に個別企業の期待収益率（株主資本コスト）を考えてみる。資本資産評価モデルを利用して次のように表示できる。

個別株式の期待投資収益率＝リスクフリーレート＋個別株式のベータ
×リスクプレミアム

この個別株式の期待投資収益率を，新規の投資について使用する株主資本コストとして使用することが多い。特定企業の資本コストを実際に測定するためには，過去にわたってその企業の株式の投資収益率及び証券取引所全上場株式の投資収益率のデータを収集する必要がある。なお，ベータとは，市場全体の平均的リスクプレミアムに特定の個別株式がどの程度の比率で反応するかを表示する数値であり，通常0.5から2.0の間にある。例えば，0.5であれば市場全体が100上がった場合でも50しか上がらないことになる。

2 　加重平均資本コストの事例

次に松本電子の簡単な事例を使って加重平均資本コストを計算してみよう（図表9-2）。

図表 9－2　松本電子の負債・株主持分の簿価および時価

資本の源泉	簿価		時価	
	金額（億円）	％	金額（億円）	％
負債	200.0	54.6	200.0	33.0
株主持分	532.4	145.4	1,011.4	167.0
合計	732.4	200.0	1,211.4	200.0

①ウエイト（D／(D+E)，E／(D+E)）

まず，DとEで表わされるウエイト（加重平均）から決めていこう。こ

れは時価を採用する。株価の時価については，その会社の発行済み株式数を，市場価値と掛け合わせて算出する。社債も市場の時価で計測するが，一般的には簿価でよい。

資本コストを測定するのに時価の加重平均が適当である。資本コストの考えは，機会費用であるから，現在保有している資産の現在の価値（時価）で，意思決定すべきである。松本電子の株主と債権者はいま現在資金を提供し，その後実質的なリターンを得ることを期待しているのであるから，現在の資金提供は時価ベースとなる。

資本コストの算定のためには，負債と株主資本の時価を用いるべきである。

②負債コスト

当社とほぼ同様の格付けをもち，償還期間もほぼ同様の債券は現在約4％の利回りで発行されている。法人税率はおよそ40％であった。したがって，当社の税引後負債コストは2.4％（4％×（1－40％）＝2.4％）である。当社の既発債の調達コストは過去のものであり採用してはならない。新規投資を評価するための資本コストとしては，新規に発行される債券の市場金利を用いる。

③加重平均資本コストの算定（図表9-3）

図表9－3　松本電子の加重平均資本コストの算定

源泉	金額（億円）	％	税引後コスト	加重平均資本コスト
負債	200.0	16.5％	2.4％	0.4％
資本	1,011.4	83.5	11.5	9.6％
				10.0％

松本電子のベータは1.49であり，これにより算出された株主資本コストは，11.5％となった。ベータは，財務構成によっても影響される。松本電子はきわめて安定した財務構成を有するが，リスクが高い。

　加重平均資本コストは10.0％である。

　式で表わすと，

$$K_W = \frac{4.0(1-0.4) \times 0.165 + 11.5 \times 0.835}{0.165 + 0.835} = 10.0\%$$

④投資評価における資本コスト（主観的算定）

　ここでは過去の投資から計測された資本コスト（CAPM）を常に新規投資に対する基準として使用することが妥当か否か検討する。

　既存資産から得られた数値を新規投資に適用する場合，新規投資が既存資産と同じリスクであれば，同じ資本コストを採用できる。しかし，リスクが同じでない場合は，例えば，新製品の投資を行う時はリスクが高いので，高いリターンが必要とされる。ここでは，社内の過去の経験値などを勘案し，たとえば，図表9-4のようなモデルを使う会社が多い。

　増産投資は基本的に現設備の増大であるから，原則として，現在の資本コストと同じとなる。更新・修繕投資は，リスクの低い投資であるが，新製品投資はリスクの高い投資といえる。

図表 9－4　投資種類別資本コスト案

投資タイプ	割引率（％）
更新・修繕	5
合理化	7
増産	10
新製品	15

3　ハイネケンのケース

資本コスト算出のケースをコープランド外の例で見てみよう。

図表9-5に見るように，1998年12月31日付のWACCは6.7%となっている。当社の目標資本構造は，図表9-6の通りであり，これを前提にWACCを算出した。

図表 9－5　ハイネケンの加重平均資本コスト（WACC）

12/31/98 (%) 調達の分類	加重（目標）	資本コスト	税引後コスト	WACCへの寄与
短期負債	1.2	4.3	2.8	0.0
長期負債	3.0	4.3	2.8	0.1
退職給付債務	0.3	4.3	2.8	0.0
債務計	4.5			0.1
資本の市場価値	89.9	6.9	6.9	6.2
少数株主	5.6	6.9	6.9	0.4
資本計	95.5			6.6
			WACC	6.7

（出所：T. Copeland et al, Valuation, 3rd ed., p.229）

図表 9－6　ハイネケンの目標資本構成

12/31/98 (100万NLG) 調達の種類	簿価	予測市場価値	総資本に対する割合　%
短期負債	474	474	1.2
長期負債	1,151	1,187	3.0
退職給付債務	103	100	0.3
債務計	1,728	1,760	4.5
普通株式	9,012	35,435	89.9
少数株主	564	2,218	5.6
資本計	9,576	37,652	95.5
総資本	11,304	39,413	100.0

（出所：前同　p.230）

図表 9-7　ハイネケンの負債の市場価額

12/31/98（100万NLG）負債	当初税引後コスト　%	金額	期限	市場価格
借入（オランダ国内）	5.6	250	2006	272
借入（オランダ国内）	5.3	250	2008	270
借入（フランス国内）	3.5	258	2001	253
私募借入	6.8	150	2000	157
その他借入	6.5	151	2013	187
その他負債（利息なし）	0.0	92	2013	49
総長期借入（流動部分は含まず）		1,151		1,187
退職給付債務	4.0	103	2013	100

(出所：前同　p.230)

短期借入金は，継続して更改されるので長期金利を採用して4.3%，税率が35%なので税引後コストは2.8%となる。

長期債については，市場で取引されていないし，またS&Pやムーディーズによる格付もなされていない。そこで，最優良企業に適用される信用リスクプレミアム30ベーシスをリスクフリーレート4%に加え4.3%とする（図表9-5）。

普通株については，この時点で時価が354億NLGであった。少数株主持分については，普通株の簿価と時価の比率をもって時価換算する。

CAPMを利用して株主資本コストを求めると，次のようになる。

$K = 4.0\% + (5.0\% \times 0.58) = 6.9\%$

リスクフリーレート4%は期限10年のオランダ国債を使う。市場リスクプレミアムは5%とする。

ベータ0.58はビール業界のベータの平均値0.56を，当社の負債比率（D/E）4.5%で調整して負債調整後ベータにしたものである（図表9-8）。

図表９−８　ビール業界のベータ

会社名	ベータ
Anheuser-Busch	0.64
Brau-Union	0.44
Carlsberg	0.46
Coors	0.51
Foster's Brewing Group	0.82
Heineken	0.32
Oesterreichische	0.43
Scottish & Newcastle	0.62
South African Breweries	0.82
平均	0.56

（出所：前同　P.231）

第10章

DCFと新会計制度
（減損会計とリース会計）

　DCF法の考え方は，今や会計制度全般に影響を与えており，DCFの知識がなければ会計も理解できない。ここでは，DCFが全面的に採用されている減損会計とリース会計を概観しよう。

1　減損会計

(1) 概要

　減損会計基準の強制適用は，平成18年3月期から始まっている。
　これにより例えば，企業がバブル時に高値で購入した土地，収益性の低下した設備などについて含み損の処理がなされる。
　次の4つの要件を満たせば減損を行う。

①対象資産の特定：当該資産は，減損会計の対象となる種類の資産か。
②減損の兆候の調査：当該資産等に関連して，減損の兆候があるか。

③減損の認識:「帳簿価額>割引前将来CF」の状況となっているか。
④減損損失の測定:「帳簿価額-回収可能価額」を，減損損失として損益計算書に計上。

(2) 減損会計の対象資産

　減損会計の対象となる資産とは，事業用の固定資産のうち，他の会計基準に減損処理や評価に関する定めがある資産（たとえば，金融資産，ソフトウェア一等）を除く固定資産であり，具体的には有形固定資産，無形固定資産および投資その他の資産が対象となる。したがって，のれん（営業権および連結会計における連結調整勘定）や借地権も対象資産に含まれる。投資不動産についても対象となる。

①資産のグルーピング
　工場や賃貸ビルなどの固定資産に損失が発生しているかどうかを確認する前段階として，まず資産を一定の基準に従って独立したキャッシュフローを生み出す最小の単位（資産グループ）に小さく区分けする作業（グルーピング）が必要になる。通常，管理会計上の区分，投資の意思決定を行う際の単位等を考慮して，グルーピングの方法を定める。
　相互補完的なグループは1つのグループ即ちCGU（キャッシュフロー生成単位）とする。独立した単位で1つのCGUとする。

②共用資産に係る資産のグルーピング
　本社土地・建物，社員寮・保養所などの福利厚生施設，研究設備などの共用資産の取扱については，共用資産が関連する資産又は資産グループに共用資産を加えた，より大きな単位でグルーピングを行い，その大きな単位で減損損失の認識と測定を行う方法を原則としている。

(3) 減損の兆候

　資産を区分けするとグループごとに減損の対象となるかどうか，その兆候をまず見極める。
　減損が生じている可能性を示す事象，すなわち，減損の兆候として，次の4つが例示されている。

①営業活動から生ずる損益またはキャッシュフローが，継続してマイナスか，あるいは継続してマイナスとなる見込み。
②資産等の使用範囲または方法について，回収可能価額を著しく低下させるような変化が生じたか，あるいは生ずる見込み。
　これについては，更に以下のような具体的な例示がなされている。
・資産又は資産グループが使用されている事業を廃止又は再編成すること
・当初の予定よりも著しく早期に資産又は資産グループを処分すること
・資産又は資産グループを当初の予定と異なる用途に転用すること
・資産又は資産グループが遊休状態になったこと
③資産等が使用されている事業に関連して，経営環境が著しく悪化したか，あるいは悪化する見込み。
④資産等の市場価格が著しく下落。

(4) 減損の認識

　こうして減損の兆候が確認された資産グループについて，次に本当に減損するかどうか判断する。仮に兆候があっても，その資産が将来生み出す割引前キャッシュフローの総額が帳簿価格を上回っていれば減損する必要はない。
　割引前将来キャッシュフローとは，資産の継続的使用と経済的残存使用年

数の最後における処分によって獲得されると予想されるキャッシュフローの合計であり割引はしない。ただし，キャッシュフローが生み出される期間が著しく長期にわたる場合は，割引前将来キャッシュフローの見積期間を資産の経済的残存使用年数と20年のいずれか短い方とする。

(5) 減損損失の測定

　減損損失を認識すべきであると判定された資産については，対象となる資産の帳簿価格を資産の現在の価値（回収可能価格）まで減額する。減額した金額を特別損失として計上する。

　回収可能価額とは，正味売却価額時価から処分費用見込み額を控除した金額と使用価値（資産の継続的使用と使用後の処分によって生ずると見込まれる将来キャッシュフローの現在価値）のいずれか高い方の金額と定義されている。

　正味売却価額を算定する場合の時価とは，公正な評価額であり，観察可能な市場価格をいうが，市場価格が観察できない場合には合理的に算定された価額が該当する。

　合理的に算定された価格とは，例えば不動産であれば不動産鑑定評価額であり，①コスト・アプローチ（再調達原価法），②マーケット・アプローチ（取引事例比較法），③インカム・アプローチ（収益還元法）の三つによりなされる。

①将来キャッシュフローの見積期間

　将来キャッシュフローを見積もる期間は，原則として，経済的残存使用年数または残存償却年数とされている。

　実務では，経済的残存使用年数として減価償却計算における税法耐用年数を用いていることが多いので，特別な事情のない限り簡便法として税法耐用

年数を用いることができる。

②利息及び税金（利払前・税引前ベースとする）

　利息の支払額は，企業が負っている有利子負債から生ずる支出であり，対象資産とは，直接的な関連はないので利払前とする。また，企業が投資の経済性計算を行う際には，原則として税引後キャッシュフローを使用するが，減損の場合は税引前ベースとなっている。

③将来キャッシュフローの割引率（税引前）

　将来キャッシュフローを一定の割引率で現在の価値に引き直す。この場合も税引前となる。
　具体的な割引率の主要な決定方法は次の通りである。

（イ）企業における固有のリスクを反映した投資の意思決定に用いられるハードル・レート等
（ロ）借入資本と自己資本の加重平均資本コスト
（ハ）賃貸用不動産における市場平均利回り等
（ニ）ノンリコースの場合に限り借入利率を適用する

(6) 減損処理後の会計処理

　減損処理を行った資産については，減損処理後の帳簿価額を基準にしてその後減価償却を実施する。

(7) ケース（使用価値の算定に用いられる割引率）

※固定資産の減損に係わる会計基準の適用指針から

①前提条件

上場会社X社の保有する資産A（取得価額1,000，減価償却後の残存価額10％，耐用年数15年，取得から5年経過）につき，今般，減損の兆候がみられたため減損損失の認識の判定を行ったところ，割引前将来キャッシュフロー（680）が帳簿価額（700）を下回っていた。

図表10－1　今後10年間のキャッシュフローの見積

年数	1	2	3	4	5	6	7	8	9	10
キャッシュフロー	80	80	70	70	60	55	50	45	40	30

経済的残存使用年数（10年）経過後における正味売却額：100

割引前キャッシュ・フロー総額：680

当該企業及び当該資産Aに関連するデータは，以下のとおり得られているものとする。

・当該資産Aに類似の資産について，保有の意思決定の際に用いているハードル・レート：7％
・類似の資産の市場における平均的な利回り：2.7％（税引後）
・無リスクレート：1％
・X社が上場している市場の期待収益率：4.5％
・X社が上場している株式市場における株価指数の動きに対するX社株価の動きの比率を基準としたβ（ベータ）値：1.2
・X社の借入資本コスト：3％

・他人資本と自己資本の割合：7：3
・当該資産の大部分をノンリコースの借入で調達した場合の利率：6.5％
・実効税率：40％

②考え方

（イ）当該企業における当該資産又は資産グループに固有のリスクを反映した収益率を使用した場合。X社は，類似の資産の保有の意思決定に際して継続的にハードル・レートを用いているため，これを基礎とし必要な修正を加えた割引率を設定することが考えられる。

ここで，経営環境などの企業の外部要因に関する情報や企業が用いている内部の情報を反映した修正として，例えば，ハードル・レートについては，設定時に目標数値等が織り込まれており，当該上積部分が2％であったとすれば，当該2％を差し引いた5％を割引率として用いて使用価値を計算することが考えられる。

$$使用価値 = \frac{80}{1.05} + \frac{80}{(1.05)^2} + \frac{70}{(1.05)^3} \cdots\cdots + \frac{30 + 100}{(1.05)^{10}} = 526$$

減損損失額＝700（帳簿価額）－526（使用価値）＝174

（ロ）当該企業に要求される資本コストを用いた場合。資本コストを用いる場合には，借入資本コストと自己資本コストを加重平均した資本コストを用いることとなる。この場合，借入資本コストは前提条件から3％である。

一方自己資本コストは，例えば資本資産評価モデル（CAPM）の考え方を採用した場合，以下のように算定されると考えられる。

1％（無リスクレート）＋1.2（β値）
　×（4.5％（株式市場の期待収益率）－1％（無リスクレート））＝5.2％

他人資本と自己資本の割合は7：3であるから，税引前の加重平均した資本コスト（割引率）は，

$$3\%(借入れ資本コスト) \times 70\% + \frac{5.2\%(自己資本コスト) \times 30\%}{(1-0.4)} = 4.7$$

となると考えられる。

$$使用価値 = \frac{80}{1.047} + \frac{80}{(1.047)^2} + \frac{70}{(1.047)^3} \cdots\cdots + \frac{30+100}{(1.047)^{10}} = 534$$

減損損失額＝700（帳簿価額）－534（使用価値）＝166

（ハ）当該資産又は資産グループに類似した資産又は資産グループに固有のリスクを反映した市場平均と考えられる合理的な収益率を用いた場合。当該資産に類似の資産の市場における平均的な利回りが入手できる場合には，これを割引率に使うことも考えられる。この場合の割引率は，2.7％を実効税率40％で税引前に割り戻した4.5％を用いると考えられる。

$$使用価値 = \frac{80}{1.045} + \frac{80}{(1.045)^2} + \frac{70}{(1.045)^3} \cdots\cdots + \frac{30+100}{(1.045)^{10}} = 539$$

減損損失額＝700（帳簿価額）－539（使用価値）＝161

（ニ）当該資産又は資産グループのみを裏付けとして大部分をノンリコースの借入で調達した場合の利率を用いた場合。当該資産のみを裏付けとして大部分をノンリコースの借入で調達した場合の利率を入手することができる場合には，これを割引率に用いることも考えられる。

2 リース会計の概要

(1) 概要

　リースにはファイナンス・リースとオペレーティング・リースがある。ファイナンス・リースとは，ユーザーが設備資金を銀行から借入し，設備投資を実行する代わりに，リース会社が物件を購入しユーザーに貸与する。実質的にはリース会社が融資を行い，企業が設備投資を行うことと変わりないので物融ともいわれており，経済的には物件の購入とみられる。ファイナンス・リースは，所有権移転リースと所有権移転外リースに分れ，会計上売買処理を行う。

　従来，所有権移転外リースについては，注記による情報開示により例外処理としてオペレーティング・リース同様オフバランスが認められてきたが，2009／3月期より認められなくなった。なお，オペレーティング・リース取引とは，ファイナンス・リース取引以外のリース取引で，企業が物件を必要とする期間に応じて使用するもので，予告すれば自由に解約できる。

①ファイナンス・リース

　ファイナンス・リース取引とは，(イ)リース契約に基づくリース期間の中途において当該契約を解除することができないリース取引またはこれに準ずるリース取引（ノン・キャンセラブル）で，(ロ)借手がリース物件からもたらされる経済的利益を実質的に享受することができ，かつ，当該リース物件の使用に伴って生じるコストを実質的に負担することとなるリース取引をいう。ノン・キャンセラブルとは，リース契約上で中途解約ができないが，実質的には解約不能の場合をいう。他方，フルペイアウトとは，リース

物件の取得原価はもとより，リース期間中に必要となる維持費用や技術革新等による陳腐化リスクなどのリース物件の使用に伴う経済的費用のほぼすべてを借手が負担することを意味している。

②所有権移転リースと所有権移転外リース

ファイナンス・リース取引は所有権が移転するリースと所有権が移転しないリース取引に区分される。所有権が移転するリース取引と判定されるのは，所有権移転条項付きのリース，割安購入選択権付きのリース，特別仕様物件のリースのいずれかに該当するリース取引である。所有権が移転するファイナンス・リース取引については従来から売買処理が要求されており，リース資産およびリース債務が貸借対照表に計上される。他方，所有権が移転しないファイナンス・リース取引についても，2009／3月期から売買処理が強制された。

所有権移転外リースと設定されるためにはフルペイアウトの要件を満たさなければならない。フルペイアウトの要件は，（ア）現在価値基準：見積現金購入価額の90％基準（解約不能のリース期間中のリース料総額の現在価値がリース物件を現金で購入すると仮定した場合の合理的見積金額のおおむね90％以上であること），（イ）経済的耐用年数基準：経済的耐用年数の75％基準（解約不能のリース期間がその物件の経済的耐用年数のおおむね75％以上であること）の2つがあり，いずれかに該当すればよい。

（2）ファイナンス・リースの会計処理（売買処理）

①第1期の期首時点

ファイナンス・リース取引は，通常の売買取引に準じて会計処理される。すなわち，リース契約が実行された時点（第1期の期首時点）で，借手はリース物件を資産として計上し，リース債務を負債として計上する。

リース物件の取得原価が判明していない場合，リース物件の残存価額をゼロとすると，各年度のリース料を貸手の計算利子率で割引いた，現在価値の総額がリース資産およびリース債務の評価額となる。

各期のリース料しかわからない場合には，借手の追加借入利子率（借手が現時点で銀行等から追加借入を行う場合に要求される利子率）を用いて現在価値求め，これと見積現金購入価額のいずれか低いほうがリース資産およびリース債務の評価額とされる。

②第1期の期末時点

支払リース料はリース債務の償還部分と支払利息相当分からなるので，2つに分けて仕訳される。支払利息相当分はリース利子率（貸手の計算利子率）×リース債務の期首残高で計算される。リース債務の償還部分はリース料マイナス支払利息となる。

またリース資産の取得原価，耐用年数，残存価額をゼロとし，減価償却方法は定額法なので，これらに基づいてリース資産減価償却費は計算される。

結局，第1期の期末時点ではリース料が現金で支出されるが，これは第1期の期首時点で全額を借り入れてリース資産を購入し，その借入金に対する利息を支払うとともに，借入金元本を返済したことになる。

③リース終了時時点

リース債務の残高は年々減少し，リース終了期の終わりにはゼロとなって，全額償還された形となる。リース資産も減価償却によってその評価額は年々減少し，終わりにはゼロとなる。

④オペレーティング・リース

なお，オペレーティング・リース取引は賃貸借処理されるので，支払リース料と現金支払の仕訳が行われる。

(3) 設例（企業会計基準委員会『リース取引に関する会計基準の適用指針』2007年3月公表）

■所有権移転外ファイナンス・リース取引（以下，設例の仕訳の単位：千円）

前提条件
　①所有権移転条項：なし
　②割安購入選択権：なし
　③リース物件は特別仕様でない
　④解約不能のリース期間：5年
　⑤借手の見積現金購入価額：48,000千円
　　（貸手のリース物件の購入価額はこれと等しいが，借手において当該価額は明らかではない。）
　⑥リース料
　　月額1,000千円：支払は半年ごと（各半期の期末に支払う。）
　　リース料総額60,000千円
　⑦リース物件（機械装置）の経済的耐用年数：8年
　⑧借手の減価償却方法：定額法
　⑨借手の追加借入利子率：年8％
　　（ただし，借手は貸手の計算利子率を知り得ない。）
　⑩貸手の見積残存価額はゼロである
　⑪リース取引開始日：X1年4月1日，決算日：3月31日

借手の会計処理

(1) ファイナンス・リース取引の判定

①現在価値基準による判定

　貸手の計算利子率を知り得ないので，借手の追加借入利子率年8％を用いてリース料総額を現在価値に割り引くと，

$$\frac{6,000}{(1+0.08\times 1/2)}+\frac{6,000}{(1+0.08\times 1/2)^2}+\cdots\cdots+\frac{6,000}{(1+0.08\times 1/2)^{10}}=48,665千円$$

現在価値48,665千円／見積現金購入価額48,000千円＝101％＞90％

②経済的耐用年数基準による判定

　リース期間5年／経済的耐用年数8年＝62.5％＜75％

　したがって，①によりこのリース取引はファイナンス・リース取引に該当する。

③所有権移転条項又は割安購入選択権がなく，またリース物件は特別仕様でないため，所有権移転ファイナンス・リース取引には該当しない。したがって，①，③によりこのリース取引は所有権移転外ファイナンス・リース取引に該当する。

(2) 会計処理

【利息相当額を利息法で会計処理する場合】

　リース料総額の現在価値より借手の見積現金購入価額の方が低い額である

ため,48,000千円がリース資産及びリース債務の計上価額となる。この場合に,利息相当額の算定に必要な利子率の計算は次のとおりである。

$$\frac{6,000}{(1+r\times 1/2)}+\frac{6,000}{(1+r\times 1/2)^2}+\cdots\cdots+\frac{6,000}{(1+r\times 1/2)^{10}}=48,800\text{千円}$$

r = 8.555%

リース債務の返済スケジュールは図表10-2に示すとおりである。

図表10-2　リース債務返済スケジュール

(単位:千円)

返済日	期首元本	返済合計	元本分	利息分	期末元本
X1.9.30	48,000	6,000	3,947	2,053	44,053
X2.3.31	44,053	6,000	4,116	1,884	39,937
X2.9.30	39,937	6,000	4,291	1,709	35,646
X3.3.31	35,646	6,000	4,475	1,525	31,171
X3.9.30	31,171	6,000	4,667	1,333	26,504
X4.3.31	26,504	6,000	4,866	1,134	21,638
X4.9.30	21,638	6,000	5,074	926	16,564
X5.3.31	16,564	6,000	5,292	708	11,272
X5.9.30	11,272	6,000	5,518	482	5,754
X6.3.31	5,754	6,000	5,754	246	0
合計	−	60,000	48,000	12,000	−

(注) 適用利率年 8.555%:利息の計算は,月数割りによっている。

例えば,X1年9月30日返済合計の内訳と期末元本の計算は次のとおりである。

利息分:48,000千円×8.555%×1/2=2,053千円

元本分:6,000千円−2,053千円=3,947千円

期末元本:48,000千円−3,947千円=44,053千円

・X1年4月1日(リース取引開始日)
　　(借)リース資産 48,000　　(貸)リース債務 48,000
・X1年9月30日(第1回支払日・中間決算日)
　　(借)リース債務$^{(*1)}$ 3,947　　(貸)現金預金 6,000
　　　　支払利息　$^{(*1)}$ 2,053
　　(借)減価償却費$^{(*2)}$ 4,800　　(貸)減価償却累計額 4,800

(*1) リース債務の元本返済額及び支払利息は図表より。
(*2) 減価償却費は，リース期間を耐用年数とし，残存価額をゼロとして計算する。
　　48,000千円×1/5×1/2＝4,800千円

以後の各期も同様な会計処理を行う。

・X6年3月31日(最終回の支払とリース物件の返却)
　　(借)リース債務　　5,754　　(貸)現金預金 6,000
　　　　支払利息　　　　246
　　(借)減価償却費 4,800　　(貸)減価償却累計額 4,800
　　(借)減価償却累計額 48,000　　(貸)リース資産 48,000

第11章

企業価値評価のフレームワーク

　最近の経営者は，企業価値の向上を経営上最大の目標としている。これは，コーポレートファイナンスの観点から，経営の最大目標をその富の増大に置くということであり，経営上当然の命題と言えよう。しかしながら，企業には社会的存在として公共的側面も大きく，多くの利害関係者に十分配慮した上での企業価値の向上であることを理解していない経営者も散見され，真の意味での企業価値向上を再認識する必要がある。

　ここでは，企業価値評価とは，債権者および株主の立場から企業のゴーイング・コンサーン価値を企業の生む将来キャッシュフローに基づき計測することと定義付けられる。特に，適正な株価の算出などの際に利用されることが多い。

　企業価値とは，以下のように事業用資産から生まれるキャッシュフローの現在価値と非事業用資産価値の合計である。この資産（企業価値）に対して，資本提供者としての債権者と株主がそれぞれ請求権を持っているが，請求権とは持分と言い換えてもよい。

　　企業価値＝事業用資産から生まれるキャッシュフローの現在価値
　　　　　　＋非事業用資産価値
　　　　　＝有利子負債（債権者持分）＋株主資本価値（株主持分）

企業価値評価の方法は大きく分けて二つあり，エンタプライズDCF法（ROAベース）とエクイティDCF法（ROEベース）の二つである。

エンタプライズDCF法とは，まず，B/Sの資産としての企業価値を求める方法であり，資産の生む将来キャッシュフローをWACCで割り引いて企業価値を算出するもので，ROAベースの評価方式と言えよう。なお，株主資本価値を求めるには企業価値から有利子負債を控除する。

一方，エクイティDCF法では，B/Sの株主資本価値を直接求める。株主の投資額に対して最終的に株主に帰属するキャッシュフローを求め，それを株主資本コストで割り引いて株主資本価値を算定する。言わば，ROEベースの考え方である。

1　エンタプライズDCF法

ここでは，最も一般的な企業価値評価手法であるエンタプライズDCF法をまず説明しよう。

具体的には，過去の業績分析，資本コストの推計，将来キャッシュフローの予測，継続価値の計算を経て企業価値の算定というプロセスをとる。

(1) 現状分析（実績の分析）

対象企業の沿革，経営者，経営体制，業界動向，生産販売状況，研究開発状況，財務分析などを行いながら，企業の強み，弱みも明らかにし，現状分析を行う。業界内における同社の競争力，主力製品のライフサイクルの段階，業界内でのマーケットシェア等，今後の事業の見通し等についても分析する。

これらの結論としてROIC（Return on Invested Capital：投下資産利益

率）の分析を次の手順で行う。

①貸借対照表の分析及び要約貸借対照表の作成

過去の財務諸表から資産内容を分析する。

要約貸借対照表を作成し，それをもとに事業用資産（設備投資，運転資産等）の合計額を計算する。企業の資産の中には，将来のキャッシュフローを生み出す事業用資産と，事業に直接参画していない資産（金融資産や投資運用物件等の非事業用資産）がある。将来キャッシュフローを割り引いて得られる現在価値は，事業用資産に対応するものであり，非事業用資産については市場価格で別途計算する。

この際，不良資産（例えば費用の資産計上，不良在庫，回収不能売掛金）等を判定し，不良資産と判定した場合は，資産を減価させ，見合いの資本も減少させる等，実質評価を行う。

なお，運転資産については，主として所要運転資金（売上債権残＋棚卸資産残－買入債務残）で構成される正味運転資本の考えをとる。営業用に最小限保有しておかなければならない現金残高は，営業用残高として運転資金に計上する。残りは余裕資金として非事業用資産に組み入れる。繰延税金資産（負債）については消去し資本勘定に移す。

②要約損益計算書の作成及びNOPATの算出

NOPAT（Net Operating Profit after Tax：税引後営業利益）の算出には，まず営業利益（EBIT, Earnings before Interest, Tax：利払前税引前利益）を計算する。

次に，営業利益（EBIT）から法人税等を控除するが，これは企業が全額株主資本で資金調達し有利子負債がない（支払利息がない）と仮定した場合の理論上の税金である。営業利益×（1－税率）がNOPATである。

③フリーキャッシュフローの計算

NOPAT算出後，それをもとにフリーキャッシュフローを計算する。

企業価値とは将来のフリーキャッシュフローをWACCで割り引いたものであるから，フリーキャッシュフローの向上が企業価値の向上につながる。

ここまでの記述では，フリーキャッシュフローはオペレーティングキャッシュフロー（営業キャッシュフロー）から現状維持に必要な経常的な設備投資額（ほぼ減価償却見合い）を控除すると説明してきた。しかし，企業価値評価では，まず，利払前税引後利益，即ちNOPATに減価償却費を加えたものが営業キャッシュフローのベースになること及び総投資額として経常的投資のみならず増産投資や新規投資などの純投資，更には運転資本増減をも加えたものを使うことの二点が異なる（第5章「総キャッシュフロー分析」参照）。

フリーキャッシュフローは，有利子負債がないと仮定した場合の営業キャッシュフロー（総キャッシュフロー：Gross cash flow）から，投資活動のキャッシュフロー（総投資額）を控除したものであり，資本提供者である債権者と株主に帰属する。ここでのフリーキャッシュフローは，NOPATをベースとするので企業の財務活動や資本の調達方法（資本構成）には影響を受けず，純粋に資産が生むキャッシュフローである。

したがって次の式が示すように，企業価値算定上のフリーキャッシュフローは，NOPATから純投資額を差し引いたものである。

純投資額とは，上述のように総投資額から現在の操業維持に必要な経常的投資（ほぼ減価償却見合い）を差し引いたもので，増産投資や新規投資に対応する。

$$\text{フリーキャッシュフロー} = 総キャッシュフロー(\text{NOPAT} + 減価償却費)$$
$$- 総投資額(減価償却費 + 純投資額)$$
$$= \text{NOPAT} - 純投資$$

$$= 税引後利払前現金利益$$
$$-（設備投資など投資CF＋運転資金増等）$$

　総投資額には，運転資金の増加分や，有形固定資産以外の営業用資産・負債の増加額も含めている。ただ，あまり科目の細部にわたる分析は意味がなく，重要性の原則を常に念頭におく。

④フリーキャッシュフローの分析（成長率とROICの分析）

　フリーキャッシュフローを主とする収益力の分析では，特に重要な要因は，売上・利益・投下資産額などの成長率と，事業に投下した資産の利益率の二つの要素である。一般にROAやROEあるいは経営資産利益率等，主要な投資利益率があるが，企業価値評価ではROICを利用しているので，ROICを中心に財務分析を行う。

$$\mathrm{ROIC} = \frac{\mathrm{NOPAT}}{事業用投下資産}$$

　事業用投下資産とは正味事業用固定資産（事業用固定資産からその他固定負債（有利子負債を除く）を控除したもの）に正味運転資本（主たる営業用流動資産から営業用流動負債（有利子負債を除く）を控除したもの，ほぼ所要運転資金残に等しい）などを合算したものである。

　フリーキャッシュフローを向上するためには，現在の事業用投下資産のROICを高める，新規投資のROICをWACCより高める，成長率を高めるなどの方法があるのでこれに基づき分析する。

　収益性の分析においては，ROICをさらに構成要素に分解して分析する。NOPATはEBIT×(1－税率)であるから次の式が導かれる。これをデュポ

ンチャート同様さらに細分化して分析する。

$$税引前ROIC = \frac{ROIC}{1-税率} = \frac{EBIT}{事業用投下資産}$$
$$= \frac{EBIT}{売上高} \times \frac{売上高}{事業用投下資産}$$

⑤過去の業績の総合評価

これら分析結果をもとに，定性面も勘案しながら，総合的に対象企業を評価する。ここでは，対象企業の財務分析だけでなく，経営力，競合メーカーや業界動向なども総合的に考慮する。

(2) 資本コストの推計

フリーキャッシュフローを割り引くエンタプライズDCF法において，割引率として用いられるのは，前述の税引後の加重平均資本コスト（WACC：Weighted Average Cost of Capital）である。

①目標資本構成の決定（時価ベース）

WACCの計算においてまず，対象企業が，時価ベースで今後有利子負債と株主資本について目標とする資本構成を考える。WACCは，資本構成の変化に応じて毎期異なるはずであるが，この算出は事実上不可能であるから，現実には全期間を通じて一定のWACCを用いる。

まず，現在の株式時価総額などをベースに，対象企業の現在の資本構成を把握する。また，同業の上場企業の資本構成も分析する。

現状の資本構成，同業者の資本構成，および今後の中期財務計画などから，対象企業が長期的に維持可能と思われる目標資本構成を決定する。

②負債資本コストの推定

リスクフリーレート（10年から20年国債の市場利回りを指標）に個別企業の信用リスクプレミアムを加算する。信用リスクプレミアムについては，次のように市場で計測する。

普通社債を発行している場合は，市場利回りを参考に新規の借入コストを推定する。また，対象企業が普通社債を発行していない場合は，財務比率等からその格付を推定し，仮に社債を発行するとした場合の利率を予想する。

③株主資本コストの推計

まず，株主資本コストについては，第9章で述べたように資本資産評価モデル（CAPM）を用いることが多い。算式で示すと次の通り。

株主資本コスト $= R_f + \beta \times (R_m - R_f)$

$$
\begin{aligned}
&株主資本コスト：個別株式の期待投資収益率\\
&R_f：安全資産の収益率（リスクフリーレート）\\
&(R_m - R_f)：市場リスクプレミアム\\
&R_m：市場ポートフォリオの期待収益率\\
&\beta：株式のシステマティックリスク（ベータ）
\end{aligned}
$$

リスクフリーレートとは，10年物の国債利回りを参考に決定するのが一般的である（20年物も考慮する）。

$(R_m - R_f)$ は，市場リスクプレミアムと呼ばれ，長期国債（10年物国債等）の利回り（リスクフリーレート）に対する市場ポートフォリオ（TOPIX等の株式市場収益率）の超過収益率である。日本では，4～6％が妥当と言われている。

ベータは，上場企業であれば，その個別企業の株式投資収益率と市場ポートフォリオ（TOPIX等）の投資収益率の相関度を回帰分析により計算し，

ベータを推計する。通常,バーラ(BARRA)が公表しているベータ,あるいはブルーンバーグ(Bloomberg)のデータを利用する場合が多く,日本企業の場合も,東京証券取引所による銘柄別ベータ値,或いは,ブルーンバーグのデータを利用する場合が多い。

非上場企業の場合は,その企業の属する業界の類似上場企業のベータを利用して推計することとなる。この場合,類似企業と,対象企業の財務構成(資本・負債比率)は異なるため,調整が必要となる。類似企業は通常,負債を活用しており,その場合の類似企業のベータは,負債がある場合のベータ(Leveredベータ)と呼ばれる。したがって,その負債がある場合のベータから以下の算式により負債のない場合のベータ(Uneveredベータ)を算出し,対象企業の目標(最適)資本構成に基づく対象企業の負債のある場合のベータを算出する。

$$\beta_L = (1+(1-T) \times D/E) \times \beta_u$$

β_L:負債がある場合のβ (Levered β)
T :企業の限界税率
D/E:負債比率(市場価値ベース)
β_u:負債のない場合のβ (Unlevered β)

仮に,類似企業(負債比率1.2,税率40%)のβ_Lを1とすると,

$$\beta_u = 1 / \{1+(1-40\%) \times 1.2\} = 0.58$$

と算出される。

次に,対象企業(同じく税率40%)の目標資本構成(D/E)を1とし,β_Lを算出すると,

$$\beta_L = \{1+(1-40\%)\times 1\}\times 0.58 = 0.93$$

と算出される。なお，類似企業の選択にあたって，負債比率が極端に高い企業は除外すべきである。

④加重平均資本コスト

株主資本コスト，借入コストが推計されれば，加重平均資本コストを前述のように算出する。

(3) 将来キャッシュフローの予測

①予測期間の決定

業績予測は，通常，7～10年程度については，比較的精緻な業績予想を作成し，それに基づいてその間のキャッシュフローを計算する。予測期間以降については，その後の予想キャッシュフローの現在価値合計を簡易方式で継続価値に一本化する。

個別の業績予想を行う期間は企業が安定した業況に入るまでの期間である。

特に最初の3～5年の中期予想については，中長期計画などを参考に，丁寧に予想貸借対照表，予想損益計算書及び予想キャッシュフロー表を作成する。

②シナリオの策定

予測期間が決まれば，今度は対象企業の業績見通しをたてる。常識的なシナリオ，楽観シナリオ，悲観シナリオの少なくとも3つのパターンのシナリオを，起こりうる確率も考慮して設定する。

③業績予想

そのシナリオをもとに損益計算書，貸借対照表及びキャッシュフロー計算書の予想を行い，フリーキャッシュフローやROICを計算していく。

売上高については，今後の需要見通し，マーケットシェア，稼働率等も踏まえて部門別（製品別）の販売量を予想する。また製品別価格についても，今後の需給見通しや競争戦略などを勘案のうえ，販売価格を設定する。

売上原価については，部門別（製品別）に固定費と変動費に分類のうえ設定する。販管費についても，変動費と固定費に分類する。

運転資金は，売上や売上原価に対する比率（回転期間）をもとに予測する。売上債権については，代金回収期間を勘案のうえ設定。在庫・買入債務については，売上原価比の回転期間により前提を設定する。

有形固定資産については，有形固定資産簿価を，月商比（回転期間）で捉える。一方，以下のような積上げも行い両者を付き合わせる。

維持更新投資などの経常的投資については，業界特性，資産の陳腐化状況を勘案する。

増設計画や新規事業については，新聞情報，企業のホームページ等の情報提供内容も踏まえたうえで，投資時期，投資額を設定する。

ついで，予想損益計算書，予想貸借対照表，予想キャッシュフロー表をもとにNOPAT，投資額，予想フリーキャッシュフローを算定する。

④継続価値の計算と企業価値の算定

継続価値算定の公式は次のとおりである。

$$継続価値 = \frac{NOPAT_{t+1}\left[1-\dfrac{g}{ROIC}\right]}{WACC-g}$$

ここで，

$NOPAT_{t+1}$：キャッシュフロー予測期間後1年目のNOPAT

g　　　：NOPATの成長率
ROIC　：追加純投資に対するROIC
WACC　：加重平均資本コスト（WACC>g）

(4) 事業価値の算定

　予測期間に発生する将来フリーキャッシュフローの現在価値の合計と，継続価値の現在価値を合算したものが，対象企業の営業から発生するフリーキャッシュフローの現在価値，すなわち事業価値（事業用資産）である。
　上記で算定した事業価値に，非事業用資産の時価を加えて，企業価値とする。非事業用資産とは，事業価値の算定のもとになるフリーキャッシュフローを生み出すために必要でない資産，たとえば，余剰現金や，余剰投資有価証券，遊休資産といったものが該当する。
　最後に，株主資本価値は，企業価値からすべての有利子負債と少数株主持分を差し引いて求める。

2　企業価値評価のケーススタディ

　この事例は，全面的に千石作成のものを使用した。ここではROICを用いずFCFベースで，かつ予測期間を5年としている。

(1) 業界事情（図表11-1）

　製品グラ（消費財）と製品ロコ（消費材）を製造する在米の会社マニース

社（非上場）と在米の競合他社ヒタム社（上場企業）の2社が存在，マニース社は，いずれの製品も6割程度のマーケットシェアを維持している。なお，マニース社，ヒタム社の共存状況は今後も継続することが見込まれている。

製品グラに比し，製品ロコは高付加価値製品であり，販売価格（ドルベース）はより高く，また，今後の需要の伸びについては，製品グラが頭打ちであるのに対し，製品ロコは5％程度の伸び率が予想されている。

販売価格の今後の伸び率は，製品グラ，製品ロコのいずれも3％とインフレ率（ドルベース）程度と予想されている。

図表11−1　業界事情

					1	2	3	4	5	
			実績	実績	予想	予想	予想	予想	予想	成長率
			1999	2000	2001	2002	2003	2004	2005	(2001-2005)
需要予測	（単位：千トン）									
製品グラ			100	102	102	102	102	102	102	0%
製品ロコ			70.00	75.00	78.75	82.69	86.82	91.16	95.72	5%

供給予測	（単位：千トン）									
製品グラ	マニース社（評価対象）	生産量	60.00	62.00	62.00	62.00	62.00	62.00	53.60	0%
		能力	70.00	70.00	70.00	70.00	70.00	70.00	70.00	
		稼働率	85.71%	88.57%	88.57%	88.57%	88.57%	88.57%	89.34%	
	ヒタム社（競合他社）	生産量	40.00	40.00	40.00	40.00	40.00	40.00	42.12	0%
		能力	50.00	50.00	50.00	50.00	50.00	50.00	50.00	
		稼働率	80.00%	80.00%	80.00%	80.00%	80.00%	80.00%	84.23%	
製品ロコ	マニース社（評価対象）	生産量	40.00	42.00	44.10	46.31	48.62	51.05	51.05	5%
		能力	60.00	60.00	60.00	60.00	60.00	60.00	60.00	
		稼働率	66.67%	70.00%	73.50%	77.18%	81.03%	85.09%	85.08%	
	ヒタム社（競合他社）	生産量	30.00	33.00	34.65	36.38	38.20	40.11	2.01	5%
		能力	50.00	50.00	50.00	50.00	50.00	50.00	50.00	
		稼働率	60.00%	66.00%	69.30%	72.77%	76.40%	80.22%	4.01%	
価格予測	（単位：ドル／トン）									
製品グラ			1,000	1,020	1,051	1,082	1,115	1,148	1,182	3%
製品ロコ			1,200	1,236	1,273	1,311	1,351	1,391	1,433	3%

(2) 企業価値評価の前提条件設定

①売上高

マニース社，ヒタム社の共存体制の継続が見込まれるため，製品グラ，製品ロコともにマニース社の販売量の伸び率は，業界全体の需要の伸び率程度と見込み，その結果，マーケットシェアも一定と仮定。

販売価格については，製品グラ，製品ロコともに，伸び率は3％と業界見通し同様インフレ率（ドルベース）程度と仮定。

なお，単純化のため生産量と販売量は同じと想定。

②売上原価

製品グラ，製品ロコともに，売上原価を固定費と変動費に分類し，固定費は，生産量に関係なくインフレ率3％の伸び率で増加，変動費は，過去の実績勘案のうえ，売上高比率で前提設定。

③販売管理費

固定費と変動費に分類し，固定費は，インフレ率3％の伸び率で増加，変動費は，過去の実績勘案のうえ，売上高比率で前提。

④減価償却費

過去の実績勘案のうえ定額を想定。

⑤運転資金

過去の実績を勘案のうえ，月商（1ヶ月当たり売上高）の2ヶ月と仮定。

⑥設備投資

会社計画ヒアリング結果，拡張投資計画はなく，設備投資は維持更新投資

のみと仮定。

なお，業界の需要伸び率から見て，競合他社ヒタムの拡張投資もないものと仮定。

⑦税金
営業利益（EBIT）に実効税率40％を掛けて算出。

⑧ WACC
株主資本コストについては，上場企業である競合他社ヒタム社のLevered β からUnlevered β を算出，マニース社の最適資本構成を負債50％，資本勘定50％と想定し，マニース社のLevered β をまず算出。次に，ドルのリスクフリーレートは，米国10年物国債利回り等を勘案のうえ，今後は6％と想定，市場リスクプレミアムについては，過去の実績から7％と想定し，CAPMを用いて株主資本コストを計算。

税引き前の負債コストについては，今後の追加的な借入コスト等を勘案しドルベースで8％と想定。マニース社の最適資本構成を負債50％，資本勘定50％とし，株主資本コストと税引き後の負債コストの加重平均コストを算出（図表11-2）。

図表11-2　加重平均資本コスト

株主資本コスト	Levered β	Market Risk Premium	Risk Free Rate	株主資本コスト
	1.21	7.00%	6.00%	14.47%

負債のコスト				負債のコスト
				8%

WACC 計算	最適資本構成	資本コスト	税率	税引後資本コスト
株主資本	50%	14.47%		14.47%
負　債	50%	8.00%	40%	4.80%
合　計	100%	WACC		9.63%

⑨フリーキャッシュフロー

フリーキャッシュフローを予想する。フリーキャッシュフローは前述の通りである。

フリーキャッシュフローには，利払い，借入増減，配当支払い，増資，自社株買い等の財務フローは含まない。

なお，将来の事業から生まれるキャッシュフローの予想は，通常，5年から10年程度であり，以降は，以下の方法により継続価値を算出のうえ，企業価値評価に利用する。

⑩継続価値の算出

例えば5年間のキャッシュフロー予想を行う場合には，5年後の継続価値を算出することになる。その算出方法については，収支予想期間の1年後（ここでは6年目）のフリーキャッシュフローを予想する。その後，ある一定の率（例えばインフレ率）で6年目以降成長することが見込まれる場合は，以下の通り，WACCから成長率を差し引いたレートで永久還元し，5年後の継続価値を算出することになる。

$$5年後の継続価値(CV5) = \frac{(6年目のフリーキャッシュフロー)}{(WACC - 成長率)}$$

なお，ここでは，収支予想期間とその後の期間について，資本構成や事業リスク等に変化がないと考えられる場合を想定し，継続価値算出に使用されるWACCと収支予想期間のWACCも同じであると想定する。

継続価値については，5年後のフリーキャッシュフローを基準に想定成長率との整合性を加えて，6年目のフリーキャッシュフローを予想し，それをWACC－成長率（9.63％－3.0％）で永久還元し2005年時点での継続価値を算出。成長率はインフレ率3％を勘案し，同じレートを想定（図表11-3）。

図表11-3　キャッシュフロー予測

			1999		2000		2001 (予)		2002 (予)		2003 (予)		2004 (予)		2005 (予)			
売上高	製品グラ	販売量(千トン)	60		62		62		62		62		62		62			
		販売価格(ドル/トン)	1,000		1,020		1,081		1,082		1,115		1,148		1,183			
		売上高	60,000		63,240		67,091		67,091		69,104		71,177		73,313			
	製品ロコ	販売量(千トン)	40		42		46		46		49		51		54			
		販売価格(ドル/トン)	1,200		1,236		1,311		1,311		1,351		1,391		1,433			
		売上高	48,000		51,912		60,718		60,718		65,667		71,019		76,807			
	合計	販売量(千トン)	100		104		108		108		111		113		116			
		販売価格(ドル/トン)	1,080		1,107		1,180		1,183		1,218		1,258		1,299			
		売上高	108,000		115,152		127,810		127,810		134,771		142,196		150,120			
				売上高比		売上高比		売上高比		売上高比		売上高比		売上高比		売上高比	前提条件	
売上原価	製品グラ	変動費	36,000	60.0%	40,000	63.3%	41,036	63.0%	42,268	63.0%	43,536	63.0%	44,842	63.0%	46,187	63.0%	63.00%	売上高比率
		固定費	10,000	16.7%	10,300	16.3%	10,609	16.3%	10,927	16.3%	11,255	16.3%	11,593	16.3%	11,941	16.3%	3%	成長率
		売上原価	46,000	76.7%	50,300	79.5%	51,645	79.3%	53,195	79.3%	54,791	79.3%	56,434	79.3%	58,127	79.3%		
		トン当たりコスト	767		811		833		858		884		910		938			
	製品ロコ	変動費	24,000	50.0%	25,000	48.2%	28,071	50.0%	30,359	50.0%	32,834	50.0%	35,509	50.0%	38,403	50.0%	50.00%	売上高比率
		固定費	11,000	22.9%	11,500	22.2%	11,845	21.1%	12,200	20.1%	12,566	19.1%	12,943	18.2%	13,332	17.4%	1.03	1+成長率
		売上原価	35,000	72.9%	36,500	70.3%	39,916	71.1%	42,559	70.1%	45,400	69.1%	48,453	68.2%	51,735	67.4%		
		トン当たりコスト	875		869		905		925		927		950		958			
売上総利益	製品グラ		14,000	23.3%	12,940	20.5%	13,492	20.7%	13,897	20.7%	14,313	20.7%	14,743	20.7%	15,185	20.7%		
	製品ロコ		13,000	27.1%	15,412	29.7%	16,227	28.9%	18,159	29.9%	20,267	30.9%	22,566	31.8%	25,072	32.6%		
	合計		27,000	25.0%	28,352	24.6%	29,718	24.5%	32,055	25.1%	34,581	25.7%	37,309	26.2%	40,257	26.8%		
販売管理費		変動費	10,800	10.0%	12,000	10.4%	12,734	10.5%	13,420	10.5%	14,151	10.5%	14,931	10.5%	15,763	10.5%	10.5%	売上高比率
		固定費	5,000	4.6%	5,150	4.5%	5,305	4.4%	5,464	4.3%	5,628	4.2%	5,796	4.1%	5,970	4.0%	3%	成長率
		合計	15,800	14.6%	17,150	14.9%	18,039	14.9%	18,884	14.8%	19,779	14.7%	20,727	14.6%	21,733	14.5%		
減価償却費			3,000	2.8%	3,000	2.6%	3,090	2.5%	3,183	2.5%	3,278	2.4%	3,377	2.4%	3,478	2.3%		
営業利益 (EBIT)			8,200	7.6%	8,202	7.1%	8,589	7.1%	9,989	7.8%	11,524	8.6%	13,205	9.3%	15,046	10.0%		
EBITDA			11,200	10.4%	11,202	9.7%	11,679	9.6%	13,172	10.3%	14,802	11.0%	16,582	11.7%	18,524	12.3%		
運転資金要因					-1,000		-1,192		-1,021		-1,088		-1,160		-1,237		-1,321			
税金					-3,280		-3,281		-3,436		-3,996		-4,610		-5,282		-6,019			
設備投資					-3,500		-3,000		-3,090		-3,183		-3,278		-3,377		-3,478			
フリーキャッシュフロー					3,420		3,729		4,132		4,905		5,754		6,686		7,707			
Discount Factor									0.912137796		0.831995359		0.758894414		0.692216278		0.631396631			
WACC　9.63%																				
Discount Factor									0.912138		0.831995		0.758894		0.692216		0.631397			
フリーキャッシュフロー現在価値									3,769		4,081		4,367		4,628		4,866			
ターミナルバリュー現在価値																				
永久成長率　3.00%（インフレ勘案）																	60,951			

(3) 企業価値評価

2001年から2005年までのフリーキャッシュフローをWACCで割り引いて現在価値を算出，さらに，継続価値（2005年時点）についてもWACCで割り引いて現在価値を算出，最後に両者を合計して企業価値を算出する（なお，キャッシュフロー算出に含まれていない非事業性資産は，今回のケースではなしと想定）。

企業価値から，2000年末のネット有利子負債（有利子負債－余剰資金）を差し引いて，株主価値が算出される（図表11-4）。

図表11－4　企業価値の算出

フリーキャッシュフロー現在価値（2001-2005）	21,711
Terminal Value 現在価値	60,951
非事業性資産	0
企業価値（Enterprise Value）	82,662
有利子負債	50,000
余剰資金	5,000
株主価値	37,662

$$\text{企業価値} = \overbrace{\frac{FCF1}{(1+r)} + \frac{FCF2}{(1+r)^2} + \frac{FCF3}{(1+r)^3} + \frac{FCF4}{(1+r)^4} + \frac{FCF5}{(1+r)^5}}^{\text{収支予想期間のフリーキャッシュフロー}} + \overbrace{\frac{CV5}{(1+r)^5}}^{\text{継続価値}}$$

　　FCF：フリーキャッシュフロー

　　　r：WACC

　　CV5：5年後の継続価値

なお，WACCは，特に株主資本コストの推計方法によって変わるため，WACCを例えば0.5刻みで変化させてシミュレーションを実施し，企業価値資産へのインパクトを分析することも有益である。企業価値が算出される

と，ネット有利子負債（有利子負債－余剰資金）を差し引いて，株主価値が算出される。

第12章

株価評価のケース

　この章では，現在日本で標準的企業価値評価手法として利用されているエンタプライズ DCF 法を利用して三菱製紙の株価評価を行う。

　資料としては，当社有価証券報告書，ホームページ掲載資料および紙・パルプ業界資料並びに新聞記事のみに依存して評価を行った。評価時点は，2008年6月とする。

1　現状分析

(1) 沿革・経営者

　当社は明治31年外資より，岩崎久彌が買収し，合資会社神戸製紙所を設立したことに始まる。明治37年合資会社三菱製紙所（大正6年に三菱製紙株式会社）に改称し，以降約1世紀にわたり一貫して三菱系の製紙メーカーとして独自路線を歩んできている。企業の再編が一般的な当業界にあって，きわめて稀な企業である。

　過去数年，三菱商事等の支援を受けて再建を行ってきたが，現在ほぼ完了

し積極路線へ転じようとしている段階である。規模の面では，業界の大手に比し劣後するが，高付加価値製品分野における事業基盤の強化を図る戦略に注力している。

　当社経営陣はプロパーと三菱銀行をはじめとする三菱系出身者で固められているが，今後の自立存続をかけて迅速かつ積極的に意思決定を行うだけの力量を有するかが試されている。

(2) 紙・パルプ業界事情

　紙・パルプ業界は，典型的な国内産業として製品に大きな品質上の格差がなく，また，事業会社が多かったことから抄紙機を導入しては設備過剰を招き，過当競争を繰り返してきた業界である。

　紙・板紙の国内市場は成熟化しており，内需はほぼ横ばいである。やや増加傾向にあるのは塗工紙，情報用紙など限られた品種にとどまる。

　印刷情報紙などの輸入数量は着実に増加しており，特に中国からの輸入数量は設備増強が進んだ塗工紙を中心に急増しており，国内市場に与える影響が大きい。

　くわえて，このところのグローバル化を背景に，中国など海外メーカーの国内参入による競争の激化，海外市場開拓，資源確保，販売網の再構築など多くの課題を抱えるなかで，業界再編が急速に進み，1996年王子製紙と本州製紙の合併，2001年の日本製紙と大昭和製紙の事業統合により，事実上，王子製紙と日本製紙の二大グループが成立している状況にある。

　生産面では，重油やチップなどの原燃料価格が世界的な資源高のもとで大幅に高騰し，製紙メーカーの収益を圧迫している。また，中国の需要増を背景に古紙や輸入チップの価格は一環して上昇基調にあり，重油使用量とCO_2排出量の削減を目的としたバイオマス・廃棄物ボイラーを導入する動きも広がっている。

内需が頭打ちとなる中，原燃料価格の高騰による収益力の低下を回避する企業努力がなされているが，コスト削減等の努力にも限界があり，印刷用紙および板紙などの値上げ傾向も定着している。製紙メーカー各社は生産性の劣る工場を封鎖するなど生産能力の削減に注力する一方，新規設備の導入など生産効率の向上により，収益性の向上に努めている。

(3) 事業概要

　当社は業界第5位の準大手製紙メーカーであり，情報関連用紙，インクジェット用紙などの紙・パルプ部門と写真感光材料部門を持ち，高付加価値製品分野における事業基盤の強化に注力している。

　写真感光材料部門は売上高で全体の12％程度にすぎないが，営業利益では約3割を占める特色ある部門である。

　カタログ，パンフレットなどに使われるコート紙を生産する主力の八戸工場は臨海型の大型工場で比較的競争力が高い。一方写真感光材料については，2003年に東京工場を閉鎖，その生産を北上工場（投資総額約200億円）に全面移管し一貫生産しているが，デジタルカメラの普及により写真印画紙の需要が落ち込んでいる。この設備投資は需要予測を明らかに誤った過大投資であり，当社経営に重大な影響を与えた。

　2005／3月期業績は，製品価格低迷，材料価格の高騰，北上工場にかかる多額の評価損により246億円の最終赤字となった。

　当面は独力での事業展開を継続する考えで，2005年11月末公表の中期計画において今後の経営戦略などが明らかにされ，経営の足枷となっている北上工場は，縮小均衡型での採算向上に向け再建が進められた。また，2005年10月に予定していた中越パルプ工業との合併が白紙撤回されたことに加え2000年7月から5年間を期限に結んでいた北越製紙との資本・業務提携契約も終了している。しかし，再び三菱商事を軸に緩い支援を模索中で，2007年には

王子製紙と情報用紙関連事業の提携を行った。

(4) 業績推移

図表12-1　主要な経営指標等の推移（三菱製紙）

連結経営指標等

回次		第139期	第140期	第141期	第142期	第143期
決算年月		平成16年3月	平成17年3月	平成18年3月	平成19年3月	平成20年3月
売上高	(百万円)	236,995	234,662	228,495	244,260	258,536
経常利益又は経常損失（△）	(百万円)	1,486	1,689	4,774	5,270	7,120
当期純利益又は当期純損失（△）	(百万円)	2,446	△24,658	7,225	7,297	3,654
純資産額	(百万円)	80,888	55,063	69,272	80,326	79,636
総資産額	(百万円)	374,716	319,469	314,869	320,603	303,052
1株当たり純資産額	(円)	248.27	169.05	212.74	224.37	215.94
1株当たり当期純利益又は当期純損失（△）	(円)	7.48	△75.75	22.16	22.44	10.99
潜在株式調整後1株当たり当期純利益	(円)	—	—	—	—	—
自己資本比率	(%)	21.6	17.2	22.0	22.6	24.4
自己資本利益率	(%)	3.3	△36.3	11.6	10.3	5.0
株価収益率	(倍)	25.0	—	11.6	9.8	19.8
営業活動によるキャッシュ・フロー	(百万円)	10,051	18,305	12,566	9,412	18,820
投資活動によるキャッシュ・フロー	(百万円)	△1,261	6,886	13,554	4,135	△17,749
財務活動によるキャッシュ・フロー	(百万円)	△9,850	△24,732	△21,563	△13,014	△9,022
現金及び現金同等物の期末残高	(百万円)	4,275	4,825	9,614	10,240	2,324
従業員数（外．平均臨時雇用者数）	(人)	5,219 (388)	4,902 (338)	4,717 (283)	4,541 (322)	4,574 (NA)

　最近5期の推移を有価証券報告書「主要な経営指標等の推移」でみてみると，売上高は2004／3（平成16／3）期2,370億円から2008／3（平成20／3）期2,585億円へと10%弱増加している。一方総資産は，3,747億円から

3,031億円へと約20％減少している。その結果総資産の回転期間は18.9カ月から14.1カ月へ短縮され資本効率は向上しているが，まだ満足すべき水準ではない。従業員も5,219人から4,574人へと約12％減少し，経営改善努力は認められ，自己資本比率は，2008／3月末で約25％，ROEは5.0％と底は脱したものの財務体力，収益力とも一層の向上が必要である。

(5) 収支財政状態

図表12－2　連結貸借対照表（三菱製紙）

(単位：百万円)

区分	前連結会計年度 （平成19年3月31日）	当連結会計年度 （平成20年3月31日）
（資産の部）		
Ⅰ　流動資産		
現金及び預金	10,610	2,522
受取手形及び売掛金	71,140	55,854
棚卸資産	43,188	50,165
繰延税金資産	1,254	2,808
その他	4,654	5,512
貸倒引当金	△763	△730
流動資産合計	130,085	116,134
Ⅱ　固定資産		
1　有形固定資産		
建物及び構築物	39,220	37,866
機械装置及び運搬具	62,983	71,131
土地	22,178	22,086
建設仮勘定	2,500	1,550
その他	1,877	1,986
有形固定資産合計	128,760	134,621
2　無形固定資産		
その他	2,585	2,093
無形固定資産計	2,585	2,093
3　投資その他の資産		
投資有価証券	51,956	41,149
長期貸付金	531	530
繰延税金資産	841	2,123
その他	6,040	6,537
貸倒引当金	△197	△136
投資その他の資産計	59,172	50,204
固定資産合計	190,518	186,918
資産合計	320,603	303,052

(単位:百万円)

区分	前連結会計年度 (平成19年3月31日)	当連結会計年度 (平成20年3月31日)
(負債の部)		
Ⅰ 流動負債		
支払手形及び買掛金	33,302	33,459
短期借入金	118,587	97,496
コマーシャルペーパー	－	6,000
未払費用	13,707	13,213
未払法人税等	911	1,014
繰延税金負債	0	－
その他	12,651	9,306
流動負債合計	179,160	160,490
Ⅱ 固定負債		
社債	11,000	11,000
長期借入金	33,047	38,499
繰延税金負債	4,343	2,670
退職給付引当金	8,241	6,924
役員退職慰労引当金	272	115
負ののれん	－	262
その他	4,212	3,451
固定負債合計	61,116	62,924
負債合計	240,276	223,415
(純資産の部)		
Ⅰ 株主資本		
資本金	30,865	32,756
資本剰余金	17,792	19,723
利益剰余金	11,349	14,035
自己株式	△ 735	△ 84
株主資本合計	59,272	66,431
Ⅱ 評価・換算差額等		
その他有価証券評価差額金	12,944	7,145
為替換算調整勘定	193	339
評価・換算差額等合計	13,138	7,485
Ⅲ 少数株主持分	7,915	5,720
純資産合計	80,326	79,636
負債・純資産合計	320,603	303,052

図表12-3　連結損益計算書（三菱製紙）

(単位：百万円)

区　分	前連結会計年度 [自 平成18年4月1日 至 平成19年3月31日]	当連結会計年度 [自 平成1年4月1日 至 平成20年3月31日]
Ⅰ　売上高	244,260	258,536
Ⅱ　売上原価	197,581	208,974
売上総利益	46,678	49,562
Ⅲ　販売費及び一般管理費	39,422	40,259
営業利益	7,256	9,302
Ⅳ　営業外利益		
受取利息	115	146
受取配当金	521	650
保険金	258	483
為替差益	109	－
その他	691	947
Ⅴ　営業外費用		
支払利息	2,834	3,361
その他	847	1,048
経常利益	5,270	7,120
Ⅵ　特別利益		
貸倒引当金戻入額	21	－
固定資産処分益	9,518	891
投資有価証券売却益	237	53
営業譲渡益	782	－
その他	252	276
Ⅶ　特別損失		
固定資産処分損	941	1,050
投資有価証券評価損	3	560
その他投資等評価損	27	13
関係会社株式評価損	98	－
事業再編成関連損失	722	495
減損損失	628	－
確定拠出年金移行損失	809	－
特別退職金	1,002	592
その他	363	339
税金等調整前当期純利益	11,489	5,288
法人税、住民税及び事業税	1,512	1,490
法人税等調整額	2,537	△43
少数株主利益	141	188
当期純利益	7,297	3,654

図表 12−4　連結キャッシュ・フロー計算書（三菱製紙）

(単位：百万円)

区　分	前連結会計年度 〔自 平成18年4月1日 至 平成19年3月31日〕	当連結会計年度 〔自 平成19年4月1日 至 平成20年3月31日〕
Ⅰ　営業活動によるキャッシュ・フロー		
税金等調整前当期純利益	11,489	5,288
減価償却費	12,681	12,654
減損損失	628	−
投資有価証券評価損	3	560
営業譲渡益	△782	−
退職給付引当金の減少額	△3,278	△3,169
役員退職慰労引当金の増減額（減少△）	102	△160
受取利息及び受取配当金	△636	△797
支払利息	2,834	3,361
固定資産処分益	△9,518	△891
固定資産処分損	383	398
投資有価証券売却益	△237	△53
売上債権の増減額（増加△）	△5,214	15,508
棚卸資産の増加額	△1,364	△6,393
仕入債務の増減額（減少△）	3,985	△83
その他	1,384	△3,764
小　　　計	12,459	22,458
利息及び配当金の受取額	640	832
利息の支払額	△2,642	△3,370
法人税等の支払額	△1,045	△1,099
営業活動によるキャッシュ・フロー	9,412	18,820
Ⅱ　投資活動によるキャッシュ・フロー		
投資有価証券の取得による支出	△47	△1,098
投資有価証券の売却による収入	248	141
関係会社株式等の取得による支出	△301	△395
有形・無形固定資産の取得による支出	△11,011	△19,266
有形・無形固定資産の売却による収入	14,416	2,812
貸付による支出	△1,689	△276
貸付金の回収による収入	1,615	223
営業譲渡による収入	840	−
その他	64	110
投資活動によるキャッシュ・フロー	4,135	△17,749
Ⅲ　財務活動によるキャッシュ・フロー		
短期借入金の増減額（減少△）	△3,126	△15,530
コマーシャル・ペーパーの増加額	−	6,000
割賦未払金の返済による支出	△1,060	△805
長期借入による収入	9,479	15,936
長期借入金の返済による支出	△17,686	△16,837
株式の発行による収入	−	3,781
自己株式の取得による支出	△612	△26
配当金の支払額	△24	△1,058
その他	17	△482
財務活動によるキャッシュ・フロー	△13,014	△9,022
Ⅳ　現金及び現金同等物に係る換算差額	92	35
Ⅴ　現金及び現金同等物の増減額	626	△7,915
Ⅵ　現金及び現金同等物の期首残高	9,614	10,240
Ⅶ　現金及び現金同等物の期末残高	10,240	2,324

図表 12−5　資金運用表（H19/4 〜 H20/3期）

(単位：億円)

	運用		調達	
運転	棚卸資産増	64	売上債権減少	155
	仕入債務減	1		
	その他	38		
	（運転資金余剰）	(52)		
固定	税金支払	11	税引前当期利益	53
	配当金支払	11	減価償却費	127
	設備投資	193	その他非現金項目	△33
	その他	12	（税引前現金利益）	(147)
			資産売却	28
			（固定資金不足）	(52)
財務	（固定資金不足）	(52)	（運転資金余剰）	(52)
	短期借入金減	155	長期借入金増	159
	長期借入金返済	168	CP増	60
			その他	25
			現預金減	79

図表 12−6　製紙業界各社主要経営指標（H20/3期）

(単位：億円)

			王子製紙	日本製紙グループ	大王製紙	三菱製紙	北越製紙
P/L	売上高		13,184	12,117	4,558	2,585	1,727
	営業利益		421	328	218	93	83
	経常利益		381	328	145	71	79
	当期純利益		118	57	48	37	41
B/S	流動資産		5,749	4,858	2,707	1,161	842
	（売上債権）		(2,692)	(2,627)	(1,186)	(559)	(586)
	（棚卸資産）		(1,591)	(1,654)	(627)	(502)	(137)
	固定資産		12,066	11,397	4,330	1,869	2,085
	（有形固定資産）		(9,153)	(8,920)	(3,553)	(1,346)	(1,726)
	（投資その他の資産）		(2,564)	(2,206)	(572)	(502)	(350)
	資産合計		17,815	16,256	7,038	3,031	2,927
	流動負債		7,395	5,560	2,449	1,605	835
	（買入債務）		(2,236)	(1,407)	(487)	(335)	(233)
	（短期借入金・CP等）		(4,270)	(2,809)	(1,553)	(1,035)	(420)
	固定負債		5,315	5,899	3,199	629	690
	（社債・長期借入金）		(4,246)	(5,044)	(2,946)	(495)	(590)
	負債合計		12,710	11,458	5,649	2,234	1,525
	純資産		5,105	4,798	1,389	796	1,402
	（株主資本）		(4,558)	(4,488)	(1,268)	(664)	(1,368)
	負債・純資産合計		17,815	16,256	7,038	3,031	2,927
C/F	営業C/F		1,389	740	613	188	130
	税引後現金利益		1,021	883	491	136	157
	運転資金過不足（△は不足）		368	△143	122	52	△27
	投資C/F		△1,247	△1,185	△708	△177	△354
	財務C/F		171	435	81	△90	207
収益力	総資産営業利益率（ROA）	(%)	2.4	2.0	3.1	3.1	2.8
	売上高営業利益率	(%)	3.2	2.7	4.8	3.6	4.8
	売上高当期純利益率	(%)	0.9	0.5	1.1	1.4	2.4
	総資産回転率	(回)	0.74	0.75	0.65	0.85	0.59
資産効率	総資産回転期間	(ヵ月)	16.2	16.1	18.5	14.1	20.3
	売上債権回転期間	(ヵ月)	2.4	2.6	3.1	2.6	4.1
	棚卸資産回転期間	(ヵ月)	1.4	1.6	1.7	2.3	1.0
	有形固定資産回転期間	(ヵ月)	8.3	8.8	9.4	6.3	12.0
	有利子負債回転期間	(ヵ月)	7.7	7.8	11.8	7.1	7.0
C/F	売上高営業キャッシュ・フロー比率	(%)	10.5	6.1	13.4	7.2	7.5
	固定資産回収期間	(年)	11.8	12.9	8.8	13.7	13.3
資本構成	自己資本比率	(%)	27.8	28.0	16.7	24.0	47.6

主として資金バランス，資金運用表，事業セグメント等を時系列および同業他社比較の両面から分析する。

　2008／3月末の資金バランス（図表12-7参照）をみると次の通りである。事業用運転資産は，売上債権と棚卸資産を中心とし，1,134億円（回転期間5.3カ月），事業用固定資産は1,367億円（6.4カ月）とやや多い。両者併せて事業用資産は2,501億円（11.6カ月）あり，その他非事業用資産は481億円保有する。調達構造としては，所要運転資金564億円（2.6カ月）を短期借入金で調達。事業用固定資産と非事業用資産計1,848億円については，純資産718億円のみでは不足し，差額は少数株主持分，事業用固定負債と有利子負債（966億円）で調達している。短期借入金も固定資金に充当しており，実質要償還債務966億円の収益による返済には7.1年を要する。有利子負債は1,530億円（7.1カ月）とやや多い。

　現金利益は136億円と王子製紙の1割強にすぎず，そのため実質長期債務償還年数も7.1年と王子製紙の4.2年に比べて長い。固定資産回収年数も13.7年と王子製紙の11.8年に比べて長いことが分かる。

　2008／3期の資金運用状況をみると，運転資金は売掛債権流動化の増加や前連結会計年度末が休日であったことから，売上債権が減少し，若干の運転資金余剰となっているが，特段の問題はない。設備投資はほぼ減価償却費見合いで若干の固定資金不足状態となっている。将来の金利上昇に備え短期借入金155億円の返済，長期借入金への振り替えにより，財務体質の強化を図っている。また，2008／3月期末終了の中期経営計画（フェニックスプラン）は目標を達成し，収益力，資産効率とも改善が見られる。

　ついでセグメント評価を行うと，紙パルプ部門と写真感光材料部門に分れるが，2008／3期では紙パルプ部門が売上高で全社の8割強を占め，ほぼ単一の事業に等しい。

　しかし，売上高比約1割を占めるに過ぎない写真感光材料部門は，利益面では営業利益全体の約2割強を占めている。紙パルプ部門は売上高利益率が

極めて低い上，総資産回転率も効率が悪いため，ROA（総資産営業利益率）が2.6％と極端に低く，この部門の収益改善が当社再建の鍵となろう。

2008／3期において同業他社5社と比較すると，収益力を除いて規模，財務安定性のいずれにおいても最下位に近い。

特に，税引後現金利益（キャッシュフロー）の低さは決定的であり，設備投資の回収期間も長い。

(6) 結論

北上工場への過大投資等による多額の損失により，収益性，安全性において財務内容は脆弱になっている。また，技術的な強みを持つ写真感光材料はデジタルカメラの普及による需要の伸び悩みにより売上高の大きな回復は見込み難い。しかしながら，2005／3月期に北上工場の損失をすべて処理し過去の不良資産の処理がほぼ終わり，前向きな方向が明らかになるとともに，このところ業績は回復基調にある。2008年3月末に終了した中期経営計画（フェニックスプラン）では，売上高，経常利益，有利子負債残高等すべての項目で目標を達成した。原燃料価格の高騰と市況低迷に対してコスト構造改革と製品値上げを強力に推し進めた結果である。

今後，中国を主として紙パルプ生産量の急激な拡大が予想され，輸入製紙の増大から国内での価格下落圧力が強まる可能性が高い。そのため現金利益がある程度確保できている間に，競争力の比較的高い八戸工場へ一層の生産集約を進めながら，他企業との資本・業務提携も模索し生き残りにかけた対策を打ち出す必要があろう。ただし，当社は財閥色が強いため，柔軟な資本・業務提携を機動的に打ち出すことは難しく，その間に価格下落圧力により収益力がさらに悪化し，大手製紙会社の傘下入りする可能性もある。現在，次期中期経営計画を策定しその実行に着手しつつあり，その成否が当社の存続を左右しよう。

2 三菱製紙の企業価値評価・株価算定

　最も一般的な企業価値評価手法であるエンタプライズDCF法を利用する。企業価値は将来のフリー・キャッシュフローをWACCで割り引いたものである。

　なお，エンタプライズDCF法の詳細は，第11章「企業価値評価のフレームワーク」を参照するとよい。

(1) 現状分析（実績の分析）

　現状分析に基づきROIC（Return on Invested Capital：投下資産利益率）分析を次の手順で行う。一般にROAやROEあるいは経営資産利益率等，主要な投資利益率があるが，企業価値評価ではROICを利用しているので，ROICを中心に財務分析を行う。

$$ROIC = \frac{NOPAT}{事業用投下資産}$$

　分子のNOPATは，税引後営業利益で，フリー・キャッシュフローのベースとなるものである。分母の事業用投下資産は事業用正味固定資産に事業用正味運転資産を合算したものである。

図表12-7　資金バランス

(単位:億円)
＊(単位:ヶ月)

	2004・3	2005・3	2006・3	2007・3	2008・3	回転期間*
現金・預金	45	51	100	106	25	0.1
売上債権	720	623	612	711	559	2.6
棚卸資産	419	399	401	432	502	2.3
その他	172	53	50	52	48	0.2
(事業用運転資産)	(1,356)	(1,126)	(1,163)	(1,301)	(1,134)	(5.3)
有形固定資産	1,748	1,442	1,336	1,287	1,346	6.3
無形固定資産	21	30	33	26	21	0.1
(事業用固定資産)	(1,769)	(1,472)	(1,369)	(1,313)	(1,367)	(6.4)
事業用資産	3,125	2,598	2,532	2,614	2,501	11.6
投資等	622	597	616	592	481	2.2
(非事業用資産)	(622)	(597)	(616)	(592)	(481)	(2.2)
企業価値	3,747	3,195	3,148	3,206	2,982	13.9
買入債務	287	270	260	333	335	1.6
その他	315	209	208	273	235	1.1
(事業用運転負債)	(602)	(479)	(468)	(606)	(570)	(2.7)
短期借入金・CP	1,266	1,264	1,170	1,186	1,035	4.8
社債	210	210	110	110	110	0.5
長期借入金	591	444	425	330	385	1.8
(有利子負債)	(2,067)	(1,918)	(1,705)	(1,626)	(1,530)	(7.1)
(事業用固定負債)	(213)	(193)	(208)	(171)	(107)	(0.5)
少数株主持分	(56)	(54)	(74)	(79)	(57)	(0.3)
資本金	309	309	309	309	328	1.5
資本剰余金	317	317	178	178	197	0.9
利益剰余金	88	△163	50	113	140	0.7
その他	95	88	156	124	53	0.2
(純資産)	(809)	(551)	(693)	(724)	(718)	(3.3)
	3,747	3,195	3,148	3,206	2,982	13.9

図表12-8　要約バランスシート

(単位:億円)

	2004・3	2005・3	2006・3	2007・3	2008・3
事業用運転資産	1,356	1,126	1,163	1,301	1,134
事業用運転負債	602	479	468	606	570
(事業用正味運転資産)	(754)	(647)	(695)	(695)	(564)
(事業用正味固定資産)	(1,556)	(1279)	(1,161)	(1,142)	(1,260)
事業資産	2,310	1,926	1,856	1,837	1,824
非事業資産	622	597	616	592	481
企業価値（簿価）	2,932	2,523	2,472	2,429	2,305
有利子負債	2,067	1,918	1,705	1,626	1,530
少数株主持分	56	54	74	79	57
株主資本（簿価）	809	551	693	724	718

図表12-9　過去のROIC分析

(単位：億円)

	2004・3	2005・3	2006・3	2007・3	2008・3
売上高	2,370	2,347	2,285	2,443	2,585
売上原価	1,895	1,888	1,825	1,976	2,090
販売費及び一般管理費	429	416	395	394	403
（内減価償却費）	(164)	(157)	(130)	(127)	(127)
オペレーティング・リースに対する支払利息	－	－	－	－	－
調整後EBITA	46	43	65	73	93
EBITAにかかる税金（40%）	18	17	26	29	37
NOPAT	28	26	39	44	56
投下資産					
事業用運転資産（正味）	754	647	695	695	564
有形固定資産	1,748	1,442	1,336	1,287	1,346
資産計上したオペレーティング・リース	－	－	－	－	－
その他事業用固定資産（正味）	△192	△163	△175	△145	△86
投下資産（のれん代を除く）	2,310	1,926	1,856	1,837	1,824
ROIC平均（のれん代を除く）	1.2%	1.3%	2.1%	2.4%	3.1%

①資金バランス（図表12-7参照）

　まず，B／Sを経済的見地から評価する。

　資産を事業用資産と非事業用資産に分類する。

　非事業用資産は，余裕現金，有価証券，投資等（固定資産）等事業に直接参画していない金融資産が中心である。

　事業用資産は，運転資産と固定資産に分ける。事業用運転資産は，営業用現金（月商の0.5カ月程度），売上債権，棚卸，その他流動資産に分類する。

　事業用固定資産は，有形固定資産と無形固定資産である。

　一方，調達サイドでは，事業用運転負債，事業用固定負債，有利子負債，少数株主持分，株主資本（純資産）に分類する。

　事業用運転負債については，流動負債の中から有利子負債だけを除き，残りを買入債務とその他流動負債に区分する。

事業用固定負債については，固定負債の中から有利子負債をとり出し，残りは事業用固定負債とする。

上記，流動負債と固定負債中の有利子負債を併せて1ヶ所で表示する。

ここでは，まず企業が何にいくら投資しているか，投資効果はどうか，収益を生むいい投資かどうかという投資の内容を把握する。

次いで，事業用運転資産については，回転期間等をチェックする。

②要約バランスシート（貸借対照表）とROIC（図表12-8, 12-9）

資金バランス表をもとに，要約バランスシートを作成し，それをもとに事業用資産（設備投資，運転資産等）の合計額を計算する。将来キャッシュフローを割り引いて得られる現在価値は，事業用資産に対応するものであり，非事業用資産については市場価格で別途計算する。負債については，事業用運転負債と事業用固定負債および有利子負債に分類する。

次いで，事業用運転資産から事業用運転負債を控除した事業用正味運転資産を計算する。事業用固定資産についても同じ考え方で正味固定資産を計算する。事業用正味運転資産と事業用正味固定資産を合算して，事業用投下資産を算出する。

ROICは，ここ5年間で向上はしているが，2008／3期で3.1%ときわめて低い。後述のWACC（4.2%）より低く，企業価値を損なってきたのは明らかである。

(2) 資本コストの推計

フリー・キャッシュフローを割り引くエンタプライズDCF法において，割引率として用いられるのは，税引後の加重平均資本コストWACCである。

図表 12−10　WACC

(単位：％)

資金調達の種類	全体に占める割合	コスト	限界税率	コスト	税引後の加重ウェイト勘案後のコスト
有利子負債	68.8%	4%	40%	2.40%	1.7%
株主資本	31.2%	8.15%		8.15%	2.5%
WACC					4.2%

- 有利子負債 ＝ 1,530億円
- 株主資本時価総額 ＝ 発行済株数×株価
  　　　　　　　　＝326,084千株×213＝694億円
- 株主資本コスト　＝3.0%＋1.03×5%＝8.15%

\} 2,224億円

①目標資本構成の決定（時価ベース）

現状の資本構成，同業者の資本構成，および対象企業の中期財務計画などから，対象企業が長期的に維持可能と思われる目標資本構成を決定する。

ここでは，2008／3末時点の株主資本時価総額および有利子負債残高をもって目標資本構成とする。株主資本時価総額は694億円，有利子負債残高は1,530億円と計算され，資本構成割合は株主資本31.2%，有利子負債68.8%となる。

②負債資本コストの推定

リスクフリーレート（10年から20年国債の市場利回りを指標）に個別企業の信用リスクプレミアムを加算する。信用リスクプレミアムについては，市場で計測する。ここでは1％とする。

この結果，負債資本コストは4％，税引後で2.4%とする。

③株主資本コストの推計

資本資産評価モデル（CAPM）を用いる。

過去10年の月別株式収益率と市場ポートフォリオ（TOPIX）の数字からβを算出すると1.03となる。これをもとに，リスクフリーレート3.0％，マーケットリスクプレミアム5％を前提に株主資本コストを算出する。

負債資本コストは信用リスクプレミアムを考慮し4％とする。この結果WACCは4.2％と算出された。

(3) 将来キャッシュフローの予測

図表12－11　予測キャッシュフロー

（単位：億円）

	実績	見込	予測			
年度	2008・3	2009・3	2010・3	2011・3	2012・3	2013・3
営業キャッシュフロー						
NOPAT	56	60	60	63	66	72
減価償却費	127	135	137	139	141	145
グロス・営業キャッシュフロー	183	195	197	202	207	217
運転資金の増加	△52	△14	△20	－	△14	△29
設備投資	△193	△153	△155	△158	△161	△170
その他						
総投資	△245	△167	△175	△158	△175	△199
のれん代償却前営業フリー・キャッシュフロー	27	28	22	44	32	18
のれん代への投資						
のれん代償却後営業フリー・キャッシュフロー	27	28	22	44	32	18
売上高	2,585	2,630	2,700	2,700	2,750	2,850
営業利益	93	100	100	105	110	120
NOPAT	56	60	60	63	66	72
(NOPAT)	(56)	(60)	(60)	(63)	(66)	(72)
運転資金増	△52	△14	△20	－	△14	△29
純設備投資	△66	△18	△18	△19	△20	△25
その他						
（純投資）	(△118)	(△32)	(△38)	(△19)	(△34)	(△54)
FCF	△62	28	22	44	32	18
事業用運転資産（正味）	564	745	765	765	779	808
事業用固定資産（負債控除）	1,260	1,168	1,186	1,205	1,225	1,250
(投下資産)	(1,824)	(1,913)	(1,951)	(1,970)	(2,004)	(2,058)
ROIC	3.1	3.1	3.1	3.2	3.3	3.5

（注）正味運転資産は，3.4カ月とする。
　　　純設備投資はNOPATの30％。2013/3期より35％

①予測期間の決定

個別の業績予想を行う期間は通常7～10年程度といわれている。予測期間以降については，その後の予想キャッシュフローの現在価値合計を継続価値に一本化する。

特に最初の3～5年の中期予想については，中期計画などを参考に，丁寧に予想貸借対照表，予想損益計算書および予想キャッシュフロー表を作成する。ここでは個別の業績予測期間は2008／3期実績をもとに2013／3期までの5年間とする。各年度の売上高，NOPAT，フリー・キャッシュフロー，ROICの予測を行う。

②継続価値の計算・株価算定

図表 12-12　継続価値

	（単位：億円）
NOPAT	90
新規投資に対するリターン（RONIC）	4.0
最終予測年度のNOPATの成長率（g）	1.4
WACC	4.2

$$継続価値_t = \frac{NOPAT_{t+1}(1-\frac{g}{RONIC})}{WACC-g} = \frac{90(1-0.35)}{0.042-0.014} = \frac{58.5}{0.028} = 2,089$$

2014／3期以降については継続価値を計算する。2014／3期の数字をもとに，2013／3月末の継続価値に一本化する。

2014／3期のNOPATを90億円，新規投資に対するリターンを4.0％，成長率1.4％とすると純投資比率は35％となり，継続価値算出式を求めると2,089億円となる（継続価値算定の公式は前述）。

(4) 事業価値の算定・株価算定

図表12−13 エンタプライズDCF法

(単位：億円)

年	フリー・キャッシュフロー	割引ファクター	フリー・キャッシュフロー現在価値
1	28	0.960	26.9
2	22	0.921	20.3
3	44	0.884	38.9
4	32	0.848	27.1
5	2,107(18+2,089)	0.814	1,715.1
フリー・キャッシュフローの現在価値計			1,828.3
事業価値			1,828
非事業用資産の価値			481
企業価値			2,309
有利子負債の価値			1,530
少数株主持分			57
株主価値			722
発行済株式総数(千株：2008年3月末時点)			326,084
理論株価（円）			221

　予測期間に発生する将来フリー・キャッシュフローの現在価値の合計と，継続価値の現在価値を合算したものが，対象企業の営業から発生する全フリー・キャッシュフローの現在価値，すなわち事業価値（事業用資産）である。

　この事業価値に，非事業用資産の時価を加えて，企業価値とする。

　最後に，株主資本価値は，企業価値から有利子負債と少数株主持分を差し引いて求める。

　上記のフリー・キャッシュフローと継続価値を現在価値に引き戻すと，事業価値は1,828億円となる。これに非事業用資産の価値481億円を加え，企業価値を求めると合計2,309億円となる。これから有利子負債と少数株主持分を除くと株主価値722億円となりこれを発行済株式総数で割ると221円となる。

第13章

不動産の評価

　不動産評価の目的は，種々考えられる。不動産への投資，担保としての徴求，使用のための取得などが主なものである。

　ここでは，不動産のDCF法による収益還元評価について述べるが，その前に，不動産のみならず工場や鉱山なども含めた事業用実物資産の評価について検討する。

1　実物資産の評価方法

　実物資産の評価方法としては，原価法，市場価格法，収益還元法の三つがある。

(1) 原価法による評価 (Cost Approach)

この方法が最も有効に使われる物件は，建物，機械設備など，償却資産であり，個別特殊性が強いため比較的市場価格が形成されにくいものである。

評価手順としてはまず，再調達原価を決定する。

再調達原価とは，当該物件と同じ機能を持つ建物，機械設備等を評価時点で取得したらいくらになるかという意味であり，再取得原価とも言われる。現実には取得時と同じ機能を持つものを取得することは比較的少なく，再調達原価の決定は難しい。

事務所ビル，工場，住宅などの建物は，異なった業種の企業に転売されても利用可能なことが多く，市場価格を再調達原価と見なしてもよいが，機械設備は技術進歩により短期間に機能が一変し，著しく性能が向上しているので，その再調達原価の決定はかなり困難である。そのため，やむを得ず取得価格をそのまま再調達原価とするか，あるいは取得時以降の物価変動率を加味して再取得原価を計算することもあるが，できれば実質機能に応じた評価をしたい。

次に経過年数とともに物理的，経済的に物件の価値が下落しているので，再取得原価を取得後経過年数や使用状態を観察し減価修正する。例えば，事務所用建物においても，インテリジェントビルが急速に主流になりつつあるが，この種のビルへの改造が難しい旧式の事務所ビルの減価はかなり大きく見込まねばならない。

(2) 市場価格に基づく評価 (Market Approach 取引事例比較法)

この方法は，市場で価格が形成されている物件の評価に適したものである。

例えば，オフィスビルディング，自動車，船舶など，所有者が変わっても

使用価値に大きな変化がなく，しかも市場での取引事例が多いものに向いた評価方法であり取引事例比較法とも言われる。

　評価方法としては，取引事例または取引相場などのデータを極力数多く集め，それら収集データを評価，整理してそのなかから妥当と思われる評価額を求める。

　特に不動産の場合，評価時点によって市場価格が実態より大きく膨らむいわゆるバブルが数十年に一回のサイクルで生じる。このようなバブルの要素を除去するには，時系列で見て，評価時点の地価が異常か否か把握し，正常と思われる価格に修正する。

(3) 収益還元法による評価（Income Approach）

　収益還元法とはDCF法に基づき物件が将来生むキャッシュフローをもってその価値とするもので，もっとも理論的かつ合理的なものであり，原則としてこの方法を利用すべきである。しかし，今までは，貸しビル，工場，鉱業，鉄道，観光財団など一体評価が望ましい収益物件，即ち土地，建物，機械設備などをバラバラに評価してこれらを積み上げ加算して評価額を求めても無意味な物件に主として使われてきた。

　なお，これら三つの方法を不動産市場でのセグメント別評価にどうあてはめるか考えてみると，自社ビルなどの自己で使用する不動産については，買い手は長期間にわたり所有することを目的とするので原価法が中心となろう。分譲宅地や分譲マンションの卸売りまたはその加工前の土地（素地）・売買等については，買い手は販売用不動産として中間で一時的に所有するので取引事例比較法や原価法などが中心となろう。投資不動産市場については，収益還元法が中心であろう。

2　不動産の収益還元評価（DCF法）

(1) 収益還元評価の計算

　不動産の評価は基本的に三つあるが，原価法を別にして，自由かつ流動性の高い市場を前提にすれば市場価格と収益還元価格は本来一致する筈である。
　そこで，収益還元評価について詳しく見てみよう。
　ここでは，Wurtzebach外による説明を参照する。
　不動産の収益還元評価では，物件の購入とは，物件の生む将来の一連の収益を購入することを意味する。したがって，まず，将来のキャッシュフローの額，確実性，期間を予測し，次いでそれを割引いて現在価値にするというプロセスをとる。
　更に，具体的に言うと，物件の価値は，安定した状況の純営業利益（Net Operating Income;NOI）を適当な割引率で割ったものとなる。
　ここでNOIについて留意点を述べると，NOIには担保ローン（長期借入金）の元利返済（Debt Service）は含まれないし，減価償却費などの非現金費用も考慮されない。また，NOIの算定にあたっては，突発的あるいは異常な要因を除去した安定したもの（Stabilized Net）でなければならない。

(2) 割引率

①4つの構成要素
　次に，割引率であるが，これは次の4要因により影響を受ける（図表13-1）。まず実質利回りとしてリスクフリーの国債からインフレ率を差し引いたもの

図表 13-1　資本化率と資本回収プレミアム（定額法と減債基金法）

	定額（％）	減債基金（％）
実質利回り	2.0	2.0
インフレーションプレミアム	6.0	6.0
リスクプレミアム	2.0	2.0
資本回収プレミアム	3.3	0.6
資本化率	13.3	10.6

(注)　30年の経済的耐用年数
(出所：Wurtzebach, *Modern Real Estate* 5th ed., p226)

があり，米国においては過去20年2～3％で安定している。次いでインフレプレミアムである。次いでリスクプレミアムと資本回収プレミアムがある。リスクプレミアムとは，事業リスクを表すものである。

資本回収プレミアム（Recapture Premium）とは，投資物件は永遠に収益を生む訳でなく有限であるから，この取替のコストを考慮したものである。例えば，物件の寿命が50年と予測された場合，定額法ベースでみると年2％が資本回収プレミアムとなる。これを更に理論的に考えれば減債基金の係数 $i/((1+i)^n-1)$ を用いる方法がある。この場合は，資本回収に留保された資金が再投資されると考えるのでプレミアムはかなり低くなる。図表13-1では，iが10％，nが30年で計算されている。

②事業リスク

不動産賃貸業につき，事業リスクとして（財）日本不動産研究所は次のものを挙げている。

リスクの要素は，事業を土地の購入から始めるか，既存ビルの購入の段階で始めるかにより異なる。事業を土地の購入から始める場合，用地の取得を含めすべての要素のリスクを考慮しなければならないが，事業を既存ビルの購入から始める場合，賃貸事業の運営収益，保有期間末における収益の要素の不確実性を検討すればよい。

賃貸事業のリスクの要素は，主として次の8つに分解できる。

イ 用地取得に関するリスク

　用地取得に関する不確実性は，適当な用地の確保，交渉期間および購入価格の不確実性である。

ロ 企画から開発許可に係るリスク

　一定規模以上の開発については開発許可を受ける必要がある。

ハ 建築費，建築期間など建築に係るリスク

　計画段階で予定した建築費および建築期間が変化する可能性がある。

ニ テナント確保，初期賃料に関するリスク

　初年度のテナント入居率および初期賃料に関して不確実性がある。両者はトレードオフの関係にあり，初期賃料を高くすればテナント入居率は低くなり，逆に初期賃料を低くすればテナント入居率は高くなる。

ホ 将来の純収益（賃料，空室率，運営費用等）に関するリスク

ヘ 大規模修繕に関するリスク

　どのタイミングで大規模修繕を行うかに関して不確実性が伴う。

ト 売却を選択する場合のタイミングに関するリスク

　一定期間保有後売却する場合，その売却のタイミングが問題となる。

チ 建て替えのタイミング，立ち退き料等建て替えに関するリスク

　売却を選択せず不動産の継続保有を予定する場合，その不動産の建て替え時期が問題となる。

（3）集合資本コスト（Band of Investment Approach）

　割引率を決定する方法として，別に，集合資本コストと呼ばれるものがあるが，これは，図表13-2の通り加重平均資本コストと同じ考えである。資本構成としては，最もありうる長期担保ローンとエクイティの比率を前提にする。担保ローンと資本の比率は3対1が一般的なものとして使用される。

もう一つ実務でよく使われている方法としては，実際の取引事例を参考にして割引率を類推するものである。

　なお，割引率の構成要素中リスクフリーレート（実質利回り＋インフレプレミアム）を超える部分，即ち不動産に期待する超過収益率をマーケットで計測する方法もある。ポートフォリオ理論（CAPM）を不動産にも適用し，不動産を金融資産の一つと考え，その標準偏差，市場ポートフォリオとの相関係数を測定する。しかし，不動産の場合，証券と比べ流動性が低く，その流動性コストの把握，更に，不動産市場の不完全性などから，市場でその超過収益率を適正に認識することは容易でないが，この考え方も大変重要である。

図表13-2　収益還元の例（オフィスビル）

(単位：ドル)

NOI（純営業収入）		
総賃貸収入		523,467
駐車場収入		10,450
（潜在総収入）		533,917
稼働ロス、回収ロス		-37,374
（実収入予想）		496,543
営業費用		-123,310
（NOI）		373,233
割引率（集合割引率　Band of Investment Approach）		
負債調達比率		75%
金利		9.733%（9%、30年償却）
資本調達比率		25%
資本コスト		12%
負債部分		0.75×0.09733=0.072998
資本部分		0.25×0.12=0.03
		0.10299
価値		
安定NOI		373,233
割引率		10.2%
価値		3,659,147

（注）負債の金利の内9%に加算された0.733%は、9%、30年の減債基金係数である。
（出所：前同　p228）

3　事前調査（デュー・ディリジェンス）

　評価する前に物件を詳細に調査しなければならない。ここでは，（財）日本不動産研究所外編「投資不動産の分析と評価」を全面的に参照する。これは，投資不動産やM&Aの時などにデュー・ディリジェンスと言われ，投資物件の将来のキャッシュフローの正確な予測を行うことを目的とし，適正な投資価値を求めるための調査である。
　たとえば，もしその不動産に土壌汚染や有害物質の除去費用が発生する場合は，キャッシュフローに大きな影響を及ぼすことになる。したがって，そのような不動産の瑕疵を徹底的に調査し，投資額に応じた適正なリターンが見込めるかどうかをチェックする。
　デュー・ディリジェンスの内容は，「不動産状況調査」，「環境調査」，「法的調査」，「経済的調査」に大別される。

(1) 不動産状況調査

　土地・建物などの不動産の状況を調査してリスクを適正に把握する調査である。
　土地状況調査として土地の所在・地番，地目，地積や隣地との境界調査，埋蔵文化財・地下埋設物および地質・地盤などの調査を行い，土地のリスクを適正に把握する。
　建物状況調査として，建築および設備関係調査・修繕・更新費用の算出（建物劣化診断調査などに基づき，短期的修繕費用と長期的な修繕計画に基づく更新費用を算出する），建物耐震調査を行い，再調達価格を算出する。

(2) 環境調査

アスベストなどの建物有害物質含有調査及び土壌・地下水などの汚染可能性調査を行う。

(3) 法的調査

・権利関係調査（登記簿の甲区欄において所有者は誰か，いつ，どのような原因で取得したかを調査し，乙区欄において地上権，地役権，抵当権などの所有権以外の権利を調査する）
・賃貸借契約関係調査（賃貸借契約書およびヒアリングにより，契約の目的，賃貸借当事者，契約数量，契約締結日，契約期間，月額支払賃料，共益費，賃料改定時期と改定額，敷金・保証金などの一時金および返還方法，特約などの事項について確認）
・占有関係調査（占有現況調査として，占有者は土地所有者，借地権者，その他，あるいは不詳のいずれかを調査する）
・売買契約書のチェック等

(4) 経済的調査

マーケット調査と不動産経営調査に区分され，経済的リスクを適正に把握する調査である。ここでは，マーケット調査のみとし，不動産経営調査は略す。

①一般的要因の調査分析
㋐日本全体の不動産市場および不動産の価格水準に影響を与える経済的状況について調査分析する。

経済および景気の動向，金利情勢，土地および不動産に関する政策の動き，全国的な地価動向など。
㋺都道府県および市区町村における不動産市場・不動産の価格水準に影響を与える経済的状況について調査分析する。経済および景気動向，人口の推移および動向，交通体系の状況，技術革新および産業構造の状態，事業所および従業者の推移・動向，都道府県および市区町村の地価動向など。

②地域要因分析

　近隣地域の範囲を判定し，地域要因を分析して標準的使用を把握する。地域要因とは，街路条件，交通・接近条件（最寄り駅・都心への接近性など），環境条件（自然的状態，供給処理施設，危険・嫌悪施設，公害，土地利用状況など），行政的条件（用途地域，建ぺい率・容積率など），標準的画地の形状・規模などである。

③特に不動産市場の詳細調査

　取引市場，賃貸市場などの不動産市場の分析，周辺の開発動向，空室率などを調査する。

④個別的要因分析

　土地および建物の個別的要因を分析し，建物と敷地および周辺の環境との適合状況などを調査する。土地の個別的要因とは，街路条件，交通・接近条件，環境条件，行政的条件，画地条件などであり，建物の個別的要因とは，建築時期，構造・用途・規模，部分別使用資材等，付帯設備，設計・意匠などである。

4 　不動産投資のケース（ROE ベース）

(1) ケース

　熊西不動産は，首都圏のオフィスビルを500億円で購入し，10年後売却する予定である。資金調達は自己資金200億円，借入金300億円である。売手側からは図表13-3の情報が与えられている。この条件をもとにIRRを算出し，この投資の採否を検討する。

図表13-3　申し出のキャッシュフロー（不動産投資）

(単位：百万円)

	1年目	2年目	3年目	4年目	5年目	6年目	7年目	8年目	9年目	10年目
①NOI	2,500	2,525	2,550	2,576	2,602	2,628	2,654	2,680	2,707	2,734
②借入金金利	900	900	900	900	900	900	900	900	900	900
③=①-② キャッシュフロー	1,600	1,625	1,650	1,676	1,702	1,728	1,754	1,780	1,807	1,834
④売却益	0	0	0	0	0	0	0	0	0	14,655
③+④ 税引前キャッシュフロー	1,600 /年	1,625 /年	1,650 /年	1,676 /年	1,702 /年	1,728 /年	1,754 /年	1,780 /年	1,807 /年	16,489 /年

　NOIとは前述の通りネットオペレーティング・インカムのことで，償却前営業利益にほぼ等しい。算出式は次の通りである。

　　NOI＝総賃料収入－（固定資産税＋保険料＋水道光熱費＋共益費
　　　　　＋その他の運営費用）

　借入条件は，借入金元本300億円，10年後一括弁済，金利年3％である。ネット売却益は次の式で算出する。

ネット売却益＝売却予想額－売却費用(売却額×3％)－借入金一括返済額

売却予想額は11年目の予想NOI（2,762百万円）を予想還元利率（6％）で永久還元する。

$$売却予想額 = \frac{2,762}{0.06} = 46,035百万円$$

ネット売却益＝46,035－1,380－30,000＝14,655百万円

(2) ケースの考え方

①まず売手側の申し出通りの条件でIRRを算出してみる。IRRをrとして次の式で算出できる。

$$20,000(自己資金) = \frac{1,600}{1+r} + \frac{1,625}{(1+r)^2} + \frac{1,650}{(1+r)^3} + \frac{1,676}{(1+r)^4} + \frac{1,702}{(1+r)^5}$$

$$+ \frac{1,728}{(1+r)^6} + \frac{1,754}{(1+r)^7} + \frac{1,780}{(1+r)^8} + \frac{1,807}{(1+r)^9} + \frac{16,489}{(1+r)^{10}}$$

この結果，r＝0.065(6.5％)となる。

②この売手側の条件通りであれば現在の不動産市場で標準とするIRRが5％前後の現状を考えると，一応承認できることとなる。しかし，売手側の条件を十分につめると，次の点に問題があることが判明してきた。まず，賃料収入の面で売手側は将来の入居率を常時100％近く見積もっていること，また，将来の売却価格についてもオフィスビル需給の緩和を見込んでいないことなどである。

これらを考慮した結果，IRRを計算すると4％となり，この結果，本件はやや魅力に乏しく，投資見送りという結論に達した。

5 貸ビルのケース（ROAベース）

(1) ケース

学文ビル社は新規に貸ビルの建設を検討している。次の前提条件で，まず（a）25年間の損益計算書，貸借対照表，キャッシュフロー表（資金収支表）を作成し，ついで（b）期間損益の黒字化の時点，累積欠損解消時点，借入金完済時点を読みとり，さらに（c）回収期間法，会計的投資利益率法，IRRで投資採算を計算する。

㋑初期投資額

土　　地	3,200	
償却資産	8,000	（建物等）
繰延資産	800	（開業準備費他）
合　　計	12,000	百万円

・償却資産は次のように計算

　延床面積×125万円／坪で計算　→6,400×125万円

・土地は容積率600％とすれば，最低限1,067坪が必要（300万円／坪の単価計算）

㋺資金調達方法

資本金	2,400	
長期借入金	9,600	
合　　計	12,000	百万円

ハ売上高の計算

初年度50,000円／月坪×6,400坪×12ヶ月＝3,840百万円

以降毎年5％アップ

100％入居率を常時維持

ニ償却前営業利益（GOP）

対売上高比20％

ホ減価償却方法

償却資産は30年の定額法（残存価額10％）

繰延資産は5年均等

ヘ借入条件

金利5％，随時弁済

不足資金発生時の借入金も同様

ト税率

50％（税引前利益が黒字の場合）

チ運転資金

考慮しなくてよい

(2) ケースの考え方

① (a) については25年間にわたり，損益計算書，貸借対照表，キャッシュフロー表を作成する。その結果は図表13-4に表示されている。これは，前提に沿って作成していく。いずれも式を組んで作成している。

式を組めば，稼働率などの前提条件を変更させてシミュレーションをすることが可能となる。

作成の方法を順を追って説明すると，まず当初の開始貸借対照表が0時点すなわち第1期の期首に記入される。運転資金は考慮しないので，固定資金の調達と運用の貸借対照表となる。この開始貸借対照表をもとに，第1期目

の営業活動が始まる。

営業成績は，損益計算書に表示される。売上高は月坪売上高を年に換算し，それに坪数を掛ける。営業経費率は，GOP20％から逆算して売上高比80％になる。支払利息については本来は借入金の期首・期末残高の平均残高に5％を掛けて算出するべきだが，ここでは計算の都合上簡便法として期首残高に5％を掛けて算出した。

法人税等については，税法上の繰越欠損を考慮していない。したがって税引前利益が黒となる第4期より，徴収されることとする。

キャッシュフロー表については，税引前利益に減価償却費を加えてキャッシュフローの流入とし，流出には，法人税等の支払いと長期借入金の返済をあてる。このモデルの場合は，キャッシュフローは1期目からすべてプラスとなっている。

その後，貸借対照表を作成する。資産側では，減価償却に伴い資産の簿価が減少する。キャッシュフローの余剰により借入金を返済すると，借入金が減少する。

②次いで（b）に移る。表を見ながら検討する。期間損益が黒字になるのは，第4期からである。累積欠損が解消するのは，貸借対照表のその他資本がプラスとなる第6期である。借入金を完済できるのは，第17期に771百万円を返済した時点である。

③いよいよ（c）を検討する。

まず，回収期間だが，ここでは前述の式を用いず投下資本120億円がいつ税引後のキャッシュフロー（税引前当期損益＋減価償却費－法人税等支払い）で回収されるか見ていく。

第20期までの税引後キャッシュフローの累計が129億200万円となるので，第20期ですべて回収できることとなる。ここで借入金96億円を完済し，資本金24億円も回収できる。

次の会計的投資利益率法であるが，分母の投下資本は開始バランスの120

億円を含めた各期末の平残とし，分子は，営業利益の平均をもって計算する．

$$\text{ROI} = \frac{25年間の営業利益の合計/25年間}{開始B/Sと各期末の総資産残高の平均}$$

IRRについては，投資額の現在価値を120億円とし，キャッシュフローは税引後営業利益に償却額を加算した現金利益を使用する．

図表13－4　収支モデル表

			売上伸び率	5%		金利		5%					
			稼働率	100%		償却前営業利益率		20%					
		期間	0	1	2	3	4	5	6	7	8	9	10	11	12
P/L		売上高	-	3,840	4,032	4,234	4,445	4,668	4,901	5,146	5,403	5,673	5,957	6,255	6,568
		現金営業費用	-	3,072	3,226	3,387	3,556	3,734	3,921	4,117	4,323	4,539	4,766	5,004	5,254
		GOP(償却前営業利益)	-	768	806	847	889	934	980	1,029	1,081	1,135	1,191	1,251	1,314
		受取利息	-												
		支払利息	-	480	466	449	429	407	384	363	340	316	289	261	230
		減価償却費	-	240	240	240	240	240	240	240	240	240	240	240	240
		無形固定資産償却費	-	160	160	160	160	160	0	0	0	0	0	0	0
		税引前利益	-	-112	-59	-2	60	126	356	426	500	579	662	750	843
		税金	-	0	0	0	30	63	178	213	250	289	331	375	422
		税引後利益	-	-112	-59	-2	30	63	178	213	250	289	331	375	422
C/F		税引前利益	-	-112	-59	-2	60	126	356	426	500	579	662	750	843
		減価償却費(無形含む)	-	400	400	400	400	400	240	240	240	240	240	240	240
		追加長期借入金	-												
		(源泉)	-	288	341	398	460	526	596	666	740	819	902	990	1,083
		改築投資	-												
		税金支払	-	0	0	0	30	63	178	213	250	289	331	375	422
		長期借入金返済	-	288	341	398	430	463	418	453	490	529	571	615	662
		配当支払	-												
		資金余剰	-	0	0	0	0	0	0	0	0	0	0	0	0
		(運用)	-	288	341	398	460	526	596	666	740	819	902	990	1,083
B/S		現金	0	0	0	0	0	0	0	0	0	0	0	0	0
		償却資産	8,000	7,760	7,520	7,280	7,040	6,800	6,560	6,320	6,080	5,840	5,600	5,360	5,120
		土地	3,200	3,200	3,200	3,200	3,200	3,200	3,200	3,200	3,200	3,200	3,200	3,200	3,200
		繰延資産	800	640	480	320	160	0	0	0	0	0	0	0	0
		(総資産)	12,000	11,600	11,200	10,800	10,400	10,000	9,760	9,520	9,280	9,040	8,800	8,560	8,320
		長期借入金(当初)	9,600	9,312	8,971	8,573	8,143	7,680	7,262	6,809	6,318	5,789	5,218	4,603	3,941
		長期借入金(追加)													
		払込資本	2,400	2,400	2,400	2,400	2,400	2,400	2,400	2,400	2,400	2,400	2,400	2,400	2,400
		剰余金	0	-112	-171	-173	-143	-80	98	312	562	851	1,182	1,557	1,979
		(負債，資本計)	12,000	11,600	11,200	10,800	10,400	10,000	9,760	9,520	9,280	9,040	8,800	8,560	8,320
		現金利益(DCF)	-12,000	504	523	543	565	587	610	635	660	687	716	746	777

採算分析			
1 回収期間			20年
2 ROI	営業利益平均／総資産平残		12.1%
3 IRR			4.17%

なお，以上の投資の採算計算では，投資の有効期間完了時における設備投資物件の処分価格を考慮していないので，利回りは相当低くなっている。25年間のキャッシュフローをベースにしたIRRは約4.7%となる。一方，当初の資本構成を前提に加重平均資本コスト（WACC）を計算してみる。負債資本コストは，5％×（1－0.5）であるから2.5%となる。株主資本コストは，リスクフリーレートを4％，事業リスクプレミアムを6％とし，10％とする。WACCは4％となるので経済性はあると判断される。

(単位：百万円)

13	14	15	16	17	18	19	20	21	22	23	24	25	合計	平均
6,896	7,241	7,603	7,983	8,382	8,801	9,241	9,704	10,189	10,698	11,233	11,795	12,384	183,272	7,331
5,517	5,793	6,082	6,387	6,706	7,041	7,393	7,763	8,151	8,559	8,986	9,436	9,908	146,618	5,865
1,379	1,448	1,521	1,597	1,676	1,760	1,848	1,941	2,038	2,140	2,247	2,359	2,477	36,654	1,466
														0
197	162	123	82	39	0	0	0	0	0	0	0	0	5,017	201
240	240	240	240	240	240	240	240	240	240	240	240	240	6,000	240
0	0	0	0	0	0	0	0	0	0	0	0	0	800	32
942	1,047	1,157	1,274	1,398	1,520	1,608	1,701	1,798	1,900	2,007	2,119	2,237	24,838	994
471	523	579	637	699	760	804	850	899	950	1,003	1,060	1,118	12,505	500
471	523	579	637	699	760	804	850	899	950	1,003	1,060	1,118	12,332	493
942	1,047	1,157	1,274	1,398	1,520	1,608	1,701	1,798	1,900	2,007	2,119	2,237	24,838	994
240	240	240	240	240	240	240	240	240	240	240	240	240	6,800	272
1,182	1,287	1,397	1,514	1,638	1,760	1,848	1,941	2,038	2,140	2,247	2,359	2,477	31,638	1,266
														0
471	523	579	637	699	760	804	850	899	950	1,003	1,060	1,118	12,505	500
711	763	819	877	771	0	0	0	0	0	0	0	0	9,600	384
														0
0	0	0	0	168	1,000	1,044	1,090	1,139	1,190	1,243	1,300	1,358	9,532	381
1,182	1,287	1,397	1,514	1,638	1,760	1,848	1,941	2,038	2,140	2,247	2,359	2,477	31,638	1,266
0	0	0	0	168	1,168	2,212	3,302	4,441	5,631	6,874	8,174	9,532	-	1,596
4,880	4,640	4,400	4,160	3,920	3,680	3,440	3,200	2,960	2,720	2,480	2,240	2,000	-	5,000
3,200	3,200	3,200	3,200	3,200	3,200	3,200	3,200	3,200	3,200	3,200	3,200	3,200	-	3,200
0	0	0	0	0	0	0	0	0	0	0	0	0	-	92
8,080	7,840	7,600	7,360	7,288	8,048	8,852	9,702	10,601	11,551	12,554	13,614	14,732	-	9,889
3,230	2,467	1,648	771	0	0	0	0	0	0	0	0	0	-	3,859
														0
2,400	2,400	2,400	2,400	2,400	2,400	2,400	2,400	2,400	2,400	2,400	2,400	2,400	-	2,400
2,450	2,973	3,552	4,189	4,888	5,648	6,452	7,302	8,201	9,151	10,154	11,214	12,332	-	3,630
8,080	7,840	7,600	7,360	7,288	8,048	8,852	9,702	10,601	11,551	12,554	13,614	14,732	-	9,889
810	844	880	918	958	1,000	1,044	1,090	1,139	1,190	1,243	1,300	1,358	-	-

第14章

プロジェクト・ファイナンスと
キャッシュフロー分析

　プロジェクト・ファイナンスとは，一つの設備投資プロジェクトを完結した経済単位として扱い，そのプロジェクトのみに限って資金を調達することである。資金提供者として銀行はプロジェクトから生じるキャッシュフローを原資として貸付を回収する。またプロジェクトの株主もキャッシュフローからその投資のリターンを得るので関係者のリスクはすべてプロジェクトで完結する。

1　プロジェクト・ファイナンスとは

(1) プロジェクト・ファイナンスの基本概念

　プロジェクト・ファイナンスは，企業の一般的な借入とは大きく異なる。従来の銀行借入では，特定の設備借入でも企業は全体のキャッシュフローから返済を行うので，仮にその設備投資が失敗しキャッシュフローを生まなかった場合でも銀行への返済は可能である。しかし，プロジェクト・ファイナ

図表 14-1　基本概念図

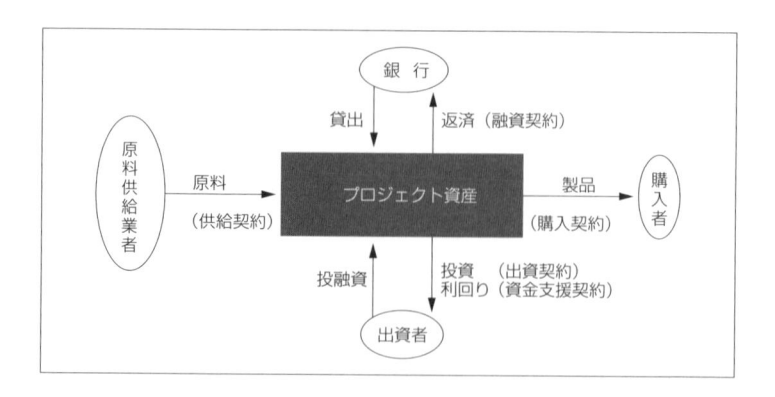

（図：中心に「プロジェクト資産」。上に「銀行」―貸出／返済（融資契約）。左に「原料供給業者」―原料（供給契約）。右に「購入者」―製品（購入契約）。下に「出資者」―投融資／投資（出資契約）・利回り（資金支援契約））

ンスにおいては，プロジェクトは切り離された存在であり，その資産，借入契約，そのキャッシュフローもすべて独立しているので，プロジェクトが不調でキャッシュフローが確保できなければ銀行はそのままリスクを負い返済は受けられない。

　図表14-1では，プロジェクト・ファイナンスの構成要素と関係者を表示してある。中心は特定目的の設備ないし資産であり独立した経済単位として自立できねばならない。

　主要関係者は，事業の推進母体である出資者，プロジェクトの製品の購入者，原料供給者及び銀行であるが，20～30年の長期にわたるため実態上も契約上も十分な調査と契約などの条件整備が必須である。

　プロジェクト・ファイナンスの関係者をもう少し詳しく表示したのが図表14-2である。

　ある発展途上国に，スポンサーが，事業会社を設立したとする。

　事業会社は現地政府から，工場建設許可を始めとする各種認可を受ける。事業会社は，原料供給先と原料供給契約を結び，製品の販売先と販売契約を結ぶ。

図表14－2　プロジェクト・ファイナンスの仕組み図

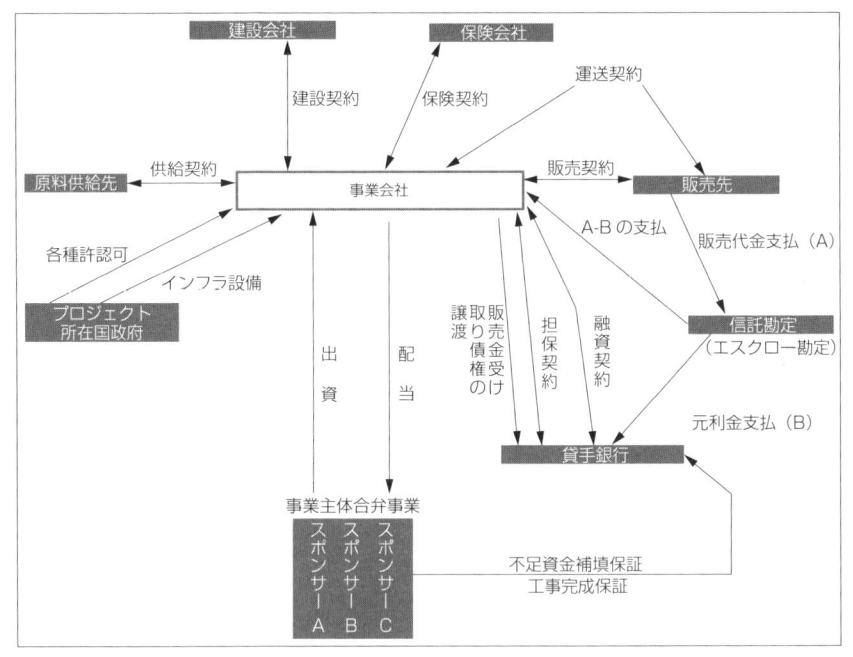

(出所：西川永幹　外，『プロジェクト・ファイナンス入門』，P32)

　次に，建設会社と建設契約が結ばれ，工場が建設される。更に銀行が事業会社に必要資金を融資する。事業会社はプロジェクト資産を担保に差し入れる。

　さらに販売先からの販売代金受取債権の譲渡を受け，貸金の元利金返済に充てる。スポンサーは，リスクが大きい工事完成までの工事完成保証や，不足金の補填の約束などをする。

(2) プロジェクト・ファイナンスの特色

①ノン・リコース・ファイナンス

プロジェクト・ファイナンスでは，返済原資は，当該プロジェクトのキャッシュフローに依存する。したがって，プロジェクト・ファイナンスの場合には，プロジェクトの資産の処分による回収はやむを得ない最終的手段であり，基本的には，キャッシュフローが唯一の担保である。銀行としては，プロジェクトの経営がうまくいかない場合にも，スポンサーなどに対して返済を遡及できない。これをノン・リコース（Non-Recourse）・ファイナンスという。

実際には，貸手とスポンサーの間でリスクを分担し，リスクの一部分をスポンサーが負担するケース（リミテッド・リコース）が多い。

②事業資産担保

プロジェクト・ファイナンスの場合には，担保が当該プロジェクト資産に限定されているので，キャッシュフローが不十分で借入金の返済が不可能となった場合にも，プロジェクト・カンパニーの資産に対してのみ遡及が可能であり，スポンサーには求償できない。

プロジェクト・カンパニーの事業が，行き詰まり撤退を余儀なくされるとしても，スポンサー本体の資産には影響がなく従来どおりの事業継続が可能である。

③ストラクチャード・ファイナンス

銀行が，借入人とプロジェクトリスクを分担するため，銀行としてはプロジェクトをとりまく諸関係企業との契約を通じて種々の事業リスクを分散させる仕組みを作り上げる。

このように，ストラクチャード・ファイナンスとしての特徴をもっている。

図表14-3　リスク軽減のための方策

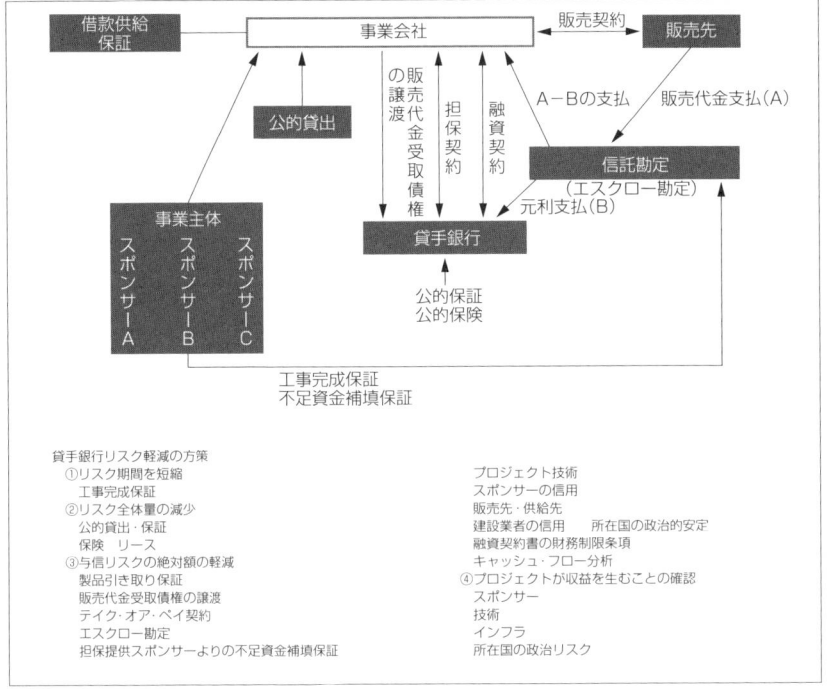

```
                              販売契約
  ┌──────┐      ┌──────┐ ←──── ┌──────┐
  │借款供給│ ───→│事業会社│       │販売先│
  │ 保証  │     └──────┘ ────→ └──────┘
  └──────┘        ↑ ↑ ↑ ↑         │
                  │ │ │ │   A-Bの支払 │販売代金支払(A)
              ┌──────┐    販 担 融              ↓
              │公的貸出│    売 保 資         ┌──────┐
              └──────┘    代 契 契         │信託勘定│
                  ↑       金 約 約         │(エスクロー勘定)│
  ┌──────────┐        受               └──────┘
  │  事業主体  │        取   元利支払(B)    ↑
  │ スススス  │        債 ↓              │
  │ ポポポポ  │        権 ┌──────┐       │
  │ ンンンン  │ ─────→  │貸手銀行│ ─────┘
  │ サササ   │          └──────┘
  │ ーーー   │         公的保証
  │ ABC    │         公的保険
  └──────────┘
         工事完成保証
         不足資金補填保証
```

貸手銀行リスク軽減の方策
　①リスク期間を短縮
　　　工事完成保証
　②リスク全体量の減少
　　　公的貸出・保証
　　　保険　リース
　③与信リスクの絶対額の軽減
　　　製品引き取り保証
　　　販売代金受取債権の譲渡
　　　テイク・オア・ペイ契約
　　　エスクロー勘定
　　　担保提供スポンサーよりの不足資金補填保証

　　　プロジェクト技術
　　　スポンサーの信用
　　　販売先・供給先
　　　建設業者の信用　　所在国の政治的安定
　　　融資契約書の財務制限条項
　　　キャッシュ・フロー分析
　④プロジェクトが収益を生むことの確認
　　　スポンサー
　　　技術
　　　インフラ
　　　所在国の政治リスク

(前同, P34)

　西川によればこのリスク軽減のためのストラクチャーは大きく分けて，リスクの期間を短縮するもの，リスク全体の量を減少させるもの，裸与信のリスクの絶対額を軽減させるもの，の3種に分けられる（図表14-3）。

　まず，リスクの期間を短縮するものとしては，スポンサーによる工事完成保証がある。

　次に，リスク全体量の減少策としては，公的貸出・公的保証がある。国際協力銀行，国際金融公社等の国際金融機関からのファイナンスや各国公的金融機関からのファイナンスまたは保証が供与されれば，銀行のリスク負担が減少する。

公的(または民間)保険の導入も、銀行にとってはリスク全体量の減少になる。

裸与信リスクの絶対額の軽減策としては、まず、元利金の返済原資の確保を直接的に図るため、製品の引き取り保証、販売代金受取債権の譲渡、テイク・オア・ペイ契約、エスクロー勘定の設定などを契約する。また操業については、オペレーション契約により、オペレーターにリスクをヘッジする。

またスポンサーからの不足資金補填保証等もこの分類に挙げられる。

さらに銀行としては、安全性の見地より、ローン・アグリーメントに財務制限条項を挿入する。

2　キャッシュフロー分析

(1) キャッシュフロー予測

プロジェクトの採算性を評価するため、損益計算書、資金繰り表(キャッシュフロー表)、貸借対照表を作成する。

キャッシュフロー表については既に詳述している。図表14-4にみるように元利支払前キャッシュフロー(Cash Available For Debt Service)がベースとなる。

税引後・金利支払前・営業キャッシュフローであり、理論上はNOPAT(税引後営業利益)に減価償却費を加えたものであるが、実務上税金は実際に支払う税金を使うことが多い。EBITDA(金利支払前・税引前・償却前利益)から実際の支払税金を引いたものを使っている。

プロジェクトの事業計画に基づいてキャッシュフロー・モデルを作成し、

図表14-4　キャッシュフロー表

```
資金流入    売上高
            資金流入計

資金流出    原材料コスト（変動費）
            間接生産コスト（変動費）
            間接生産コスト（固定費）
            税金
            小計
            元利支払前キャッシュフロー
            設備投資
            資本金
            借入金
            金利
            返済金
            小計
            資金余剰（不足）
            前期繰越
            配当金支払
            次期繰越
```

プロジェクトの採算性の検討を行う。

キャッシュフロー・モデルの前提条件につき，最も妥当と判断される数値を設定し，キャッシュフロー・モデルを作成する。これがベース・ケース・モデルである。

(2) 採算性の検討

原則として，DCFに基づくIRR，NPVによる。

また会計ベース指標として，ROEとROAを計算することもある。

株主資本利益率（Return on Equity：ROE）は，次の式で計算する。

$$\text{ROE} = \frac{\text{年間税引後収益の平均}}{\text{株主資本の平残}}$$

分母を当初資本金にして利回りを見る方法もある。

また，投資利益率（Return on Investment：ROI）を計算することもある。

$$\text{ROI} = \frac{（年間税引後利益＋年間支払金利）の合計÷プロジェクト期間}{総資産平残}$$

総資産平残に代えて当初投資額を用いることもある。投資に対する利回りであるから営業利益を用いるが，この式のように税引後利益に支払利息を加える場合も多い。

(3) プロジェクトの返済能力指標（カバレッジ・レシオ）

プロジェクトが十分な借入返済能力をもっているかを検証する。

このテスト指標として最も一般的なのが元利返済カバレッジ・レシオ（Debt Service Coverage Ratio：DSCR）である。この中で次のようなローンライフ DSCR（LLCR）がよく利用される。

$$\text{ローンライフDSCR（LLCR）} = \frac{元利支払前キャッシュフロー現在価値合計}{借入金元本}$$

DSCR はプロジェクトの貸出期間中の元利支払前キャッシュフローの現在価値が借入金元本金額の何倍であるか，すなわちキャッシュフローが十分返済能力をもっているかを調べる。DSCR が1.0であれば，プロジェクトのキャッシュフローの現在価値がちょうど借入金元本に見合うので，1.0を下回れば返済は困難，1.0を上回るほど返済に余裕がある。

貸手としては1.4～2.0の DSCR をメドにすることが必要となる。目標 DSCR

を達成できるように，プロジェクトの資本構成，ノン・リコース・ポーションの比率，貸出期間などファイナンスの基本的な構造を組み立てていく。

ローンライフDSCRはプロジェクト全体の返済能力をチェックする指標である。しかし各年度におけるキャッシュフローの返済能力についてもチェックする必要がある。特に立上りの当初数年間が大切である。このため，年度別DSCRも使う。

$$年度別DSCR = \frac{各年度EBITDA}{各年度の元利支払予定額}$$

④ベース・ケースとセンシティビティ・アナリシス（感度分析）

貸手は，キャッシュフロー・モデルの前提条件それぞれの項目についてリスクの所在，その程度を分析する。

これらのリスク分析に基づいて，諸前提条件が悪化した場合（ダウンサイド・ケース）プロジェクト全体の採算性がどのような影響を受けるのかシミュレーションを行う。これをセンシティビティ・アナリシスと言っている。

DSCRを軸にセンシティビティ・アナリシスの結果を要約し，返済能力に大きな影響を及ぼすリスク項目を認識し，リスクヘッジを行う。

3 ケーススタディ

この事例は，根岸作成のものを全面的に使用した。

(1) プロジェクトの概要

①概要
ブキット王国の首都であるサムゾラ市の西約100キロメートルにあるロッキー地区において，本プロジェクトを実施する目的で設立されたロッキー発電会社が，オフショアの国産天然ガスを主燃料とする発電能力600MWの火力発電所をBOT（Build Operate and Transfer：建設，操業，引き渡し）方式にて建設・操業し，ブキット王国国営電力会社に20年間にわたり売電を行い，その後国営電力会社にプラントを引き渡すもの。

②スポンサー
ベニー電力会社：米国の民間電力会社

③プラント建設契約（EPC契約）の概要
買い主：ロッキー発電会社
売り主（EPC請負者）：カナン商事，ティンギ重工，ピンタールエンジニアリング

$\left(\begin{array}{l}\text{EPCとは Engineering, Procurement, Construction の略}\\\text{エンジニアから資材調達，建設まで一括して請負う。}\end{array}\right)$

契約金額：296百万米ドル
品目：ガス・蒸気タービン，発電機，ボイラー＜ティンギ重工＞
　　　ケーブル，計器，ポンプ，変圧器他＜ピンタールエンジニアリング＞

④売電先および燃料供給元
ブキット王国国営電力会社

⑤オペレーションとメンテナンス
ロッキー発電会社が行うが，ベニー電力会社が操業および保守の支援および義務履行の保証を行う。

⑥資金計画

(単位:百万米ドル)

使途		調達	
建設費用	296	出資 (40%)	162
建中金利・その他金融費用	66	融資 (60%)	236
予備費	36		
計	398	計	398

(2) プロジェクト実施国の状況評価

まず,カントリーリスクを評価する。

①現政権

1997年5月に誕生したハラップ現政権は,従来の政権以上に国民に支持を受け,様々な改革を順調に推し進めてきている。外交面でも,近隣諸国との友好関係樹立を目指すバランスの取れた外交政策が国際社会より一定の評価を受けている。

②経済改革の進捗状況

アジア危機の影響でブキット王国は深刻な経済危機に陥ったが,国際機関の指導の下,急進的な経済改革路線を断行し,経済の危機的状況を脱した。現政権は引き続き積極的に経済改革を推し進めており,当該改革路線について国際機関からの評価も高く,順調なマクロ経済運営が行われている。

③法制度

法制度に関しては,現在ブキット王国においては外資導入を円滑に推し進めるという観点から関連法制が整備されつつある。その中でBOT法も既に制定されており,民活事業を安定的に行える法制度環境が整っている。また,担保法によって外国の金融機関が事業会社の所有する資産や契約上の権

利に担保権を設定することができることになっている。紛争解決手段に関しては，ブキット王国では国際仲裁が認められており，当該仲裁判断の国内での執行可能性についても確保されている。

(3) 主たるリスクの分析およびコントロール

①スポンサー

　本件スポンサーである米国のベニー電力会社は，自国内において火力発電所の建設，操業の経験が豊富であり，また，ブキット王国においても既に発電プロジェクトの実績がある。また，業況に格別の懸念もない（格付：A）ことから，本プロジェクトのスポンサーとしてプロジェクト遂行能力および信用力に特段の懸念はない。

②プラント完工

　EPC請負者であるカナン商事，ティンギ重工，ピンタールエンジニアリングは，主要国および米国における一流のコントラクターである。カナン商事は，これまでブキット王国において10ヶ所の発電所に対して発電設備の納入実績を持っている。ティンギ重工は，世界中で火力発電設備の納入実績があり，特に近年ではアジア地域に対する実績が豊富である。また，ピンタールエンジニアリングは，本プロジェクトと同種のプロジェクトを含め発電所建設の実績が豊富（1,000ヶ所以上の発電所の設計・建設を手がける）であり，優れた技術力を持つことで知られている。

　EPC契約の内容を精査したところ，契約内容は，Date Certain（確定日付まで完成），Lump Sum（契約価額が定額）契約になっており，コントラクター側の責により，完工が遅延した場合および当初予定されている性能が上げられない場合においては，契約金額の30％を上限としたコントラクターの損害賠償の責任が規定されていた。しかしながら，貸し手としては，コン

トラクターの責に帰さない事由によって完工が遅延することによってコストオーバーランが発生し，その結果，当初予定されたキャッシュフローが達成できない場合のリスクを取ることはできないとの判断から，かかる場合にはスポンサーがコンティンジェント・エクイティー（緊急時の増資）を拠出することを確保した。

③プラント技術

本プロジェクトに使用される主要機器のうち，ボイラーおよび発電機は，既に世界各地で実績を有する技術を採用しているため特段の問題はない。一方で，タービンに関しては，新技術を用いたものであり，現時点で運転実績が十分上がっているとはいい難い。通常，プロジェクト・ファイナンス案件で貸し手が新技術にかかるリスクを取ることはないので，本プロジェクトにおいてもかかるリスクをいかに極小化することが大きな問題となった。

結局，本件においては関係者間で交渉した結果，以下の方策によって貸し手としてリスクを極小化した。

・EPC契約上，通常の機器に関する保証期間が1年間であるところ，新技術が関連する部分については3年間の保証期間とすること。
・新技術が原因となってプラントの稼働率が上がらずに予定されたキャッシュフローが得られない場合は，DSCRが1.0の水準を確保するようにスポンサーが資金を補填すること。

④操業

プラントの操業は，プロジェクト会社が実施することになっているため，火力発電所の操業に豊富な経験を有するベニー電力会社が，事業会社のプラント操業・保守を支援し，義務履行を保証することになっているため特段の懸念はない。

⑤環境

プロジェクト会社は，ブキット王国の環境法制に従い，本プロジェクトにかかる環境影響評価書を作成し，環境省に提出した。環境省は，当該環境影響評価書を審査の上，本プロジェクトの環境に対する配慮について特段の問題がない旨を証明する環境適合証明書を発行している。

また，さらにプロジェクト会社に対して世界銀行の環境基準を原則として遵守することを確認した。

⑥事故・災害

事業会社は，プラント設備の海上輸送，建設，操業のおのおのの段階におけるプラントに影響を与える事故・災害につき一流保険会社による損害保険を付保しており，貸し手として当該保険金の受領権の譲渡を確保した。

⑦燃料供給（原料供給）

本プロジェクトの発電の燃料となる天然ガスは，米国の一流ガス会社であるプルミ社がブキット王国国内で開発するガス田から供給することになっている。専門家によって，当該ガス田が本プロジェクトに必要なガスを十分に埋蔵していることが確認されている。

燃料供給に関しては，プロジェクト会社とブキット王国国営電力会社との間で20年間の燃料供給契約が締結されており，当該契約上，国営電力会社が本プロジェクトに必要な燃料を供給できないためにプロジェクト会社が発電をできない場合であっても国営電力会社は電力を引き取ったとみなして電力料金を支払うことが規定されている。

しかしながら，ブキット王国国営電力会社のみなし電力料金の支払い義務に関して国営電力会社の信用力に疑義があることから，貸し手として当該義務のうち少なくとも融資返済をカバーする範囲について政府の保証を確保した。

⑧電力引き取り

電力の引き取りに関して,プロジェクト会社は国営電力会社との間で20年間の買電契約を締結。当該契約上,国営電力会社による take or pay 条項（仮に電力を引き取らない場合であっても,国営電力会社は所定の電力料金を支払うというもの）を規定。また,国営電力会社より支払われる電力料金は米ドル建／米ドル払いであるため貸し手としての為替変動リスクは回避されている。

しかしながら,当該国営電力会社の電力料金の支払い義務に関して国営電力会社の信用力に疑義があることから,貸し手として当該義務のうち少なくとも融資返済をカバーする範囲についてブキット王国政府の保証を確保した。

⑨ポリティカル・リスク

（イ）政治的リスク

買電契約上,戦争・収用・内乱・法制変更等の不可抗力事由が発生したためにプラントの建設や操業に影響があった場合は,国営電力会社は融資金額をカバーする形でバイアウト（設備を買い取り）することになっている。

ブキット王国国営電力会社のバイアウト金額の支払い義務についてはブキット王国政府の保証を確保した。

（ロ）外貨交換・送金リスク

ローカル・カレンシーから米ドルへの外貨交換および米ドルの外国送金について,政府の保証を確保した。また,オフショア・エスクロー口座をニューヨークに設置する予定。

(4) キャッシュフロー分析

上記の定性的な分析に加え,そもそもプロジェクトそのものが生み出すキャッシュフローが十分な借入返済能力を持っているかを検証する必要がある。

図表14-5　ロッキー火力発電所プロジェクトにかかる損益・資金収支計画（ベース・ケース）

(単位：百万米ドル)

	(1月-12月)	1999	2000	2001	2002	2003	2004	2005	2006	2007	2008	2009	2010	2011	2012	2013	2014
損益	料金収入	0	0	0	60	61	61	61	61	62	62	62	62	63	63	63	64
	受取利息	0	0	0	1	1	1	1	1	2	1	1	2	1	1	1	0
	操業費	0	0	0	△6	△8	△9	△8	△6	△22	△10	△9	△12	△13	△7	△30	△8
	減価償却費	0	0	0	△11	△11	△11	△10	△10	△9	△9	△8	△8	△8	△7	△7	△7
	支払金利	0	0	0	△20	△19	△17	△16	△14	△12	△10	△8	△7	△5	△3	△1	△0
	税金	0	0	0	0	0	0	0	0	0	△11	△12	△12	△12	△15	△8	△16
	税引後利益	0	0	0	23	25	25	29	33	20	24	26	26	27	32	18	33
	配当金	0	0	0	5	11	15	17	20	24	16	19	11	18	15	31	39
資金収支 収入	出資・劣後融資	88	△3	39	2	0	0	0	0	0	0	0	0	0	0	0	0
	借入金	0	126	100	10	0	0	0	0	0	0	0	0	0	0	0	0
	積立金	0	0	0	9	4	8	6	1	18	1	1	1	8	1	26	10
	運転資金	0	0	0	5	1	3	1	0	2	8	9	2	0	0	0	0
	税引後利益	0	0	0	23	25	25	29	33	20	24	26	26	27	32	18	33
	減価償却費	0	0	0	11	11	11	10	10	9	9	8	8	8	7	7	7
	前期繰越金	0	0	△0	△0	2	3	3	3	3	3	3	3	3	3	3	3
	合計	88	123	139	60	43	50	49	47	52	45	47	39	45	43	54	53
支出	資本支出	88	114	94	0	0	7	6	0	0	0	0	0	0	0	0	0
	借入金返済	0	0	0	10	20	20	20	20	20	20	20	20	20	20	20	10
	建中金利・その他金融費用	0	9	45	12	0	0	0	0	0	0	0	0	0	0	0	0
	積立金	0	0	0	32	9	5	3	3	6	6	6	6	4	4	0	0
	運転資金	0	0	0	0	0	0	0	1	0	0	0	0	1	2	0	1
	コンティンジェンシー	0	0	0	0	0	0	0	0	0	0	0	0	0	0	0	0
	配当金	0	0	0	5	11	15	17	20	24	16	19	11	18	15	31	39
	合計	88	123	139	58	40	47	46	44	49	42	44	36	42	40	51	50
当期度資金収支		△0	△0	△0	2	3	3	3	3	3	3	3	3	3	3	3	3
Annual DSCR (Minimum) 1.31		N/A	N/A	N/A	1.31	1.45	1.64	1.48	1.60	1.74	1.53	1.66	1.41	1.73	1.65	2.48	N/A
Loan Life DSCR(Minimum) 1.40		N/A	N/A	N/A	1.40	1.47	1.49	1.50	1.54	1.53	1.62	1.64	1.63	1.73	1.95	2.57	N/A

IRR(Equity)　　　　13.75%
IRR(Investment)　　10.70%

上述の通り，プロジェクト・ファイナンスとは，当該プロジェクトそのものが生み出す事業収入（キャッシュフロー）のみを主たる返済原資とするため，事業計画を審査する上でキャッシュフローの分析は最も重要なものである。

　具体的には，キャッシュフローの前提条件（プロジェクト・スケジュール，プロジェクトコスト，燃料価格，電力料金，為替レート，インフレ率，減価償却率，税金等）の審査を行い，その上で通常 Debt Service Coverage Ratio（DSCR）および Loan Life Coverage Ratio（LLCR）を用いてプロジェクトのキャッシュフローが十分な借入返済能力を持っているかを検証する。さらに，前提条件が変化した場合，当該指標がどのように変化するかについての感度分析も行っておく。

　本プロジェクトでは，燃料供給および電力引き取りに関しては，各々ブキット王国国営電力会社と長期契約を締結しているため，その他のキャッシュフロー・モデルの前提条件であるプロジェクト・スケジュール，プロジェクトコスト，為替レート，インフレ率，減価償却率，税金等につき貸し手として妥当と判断される数値を設定し，ベース・ケース（図表14-5）を作成した。すると，DSCR および LLCR の最低値は各々1.31および1.40であり，感度分析（図表14-6）も行ったが，借入返済能力に特段の懸念はない。

図表14−6　感度分析

事象	説明	DSCR最低値	LLCR最低値
ベース・ケース		1.31	1.40
インフレーション	5%上昇	1.30	1.37
完工遅延	コントラクターの責による完工遅延	1.23	1.37
オペレーション・メンテナンス費用上昇	20%上昇	1.23	1.33
為替レート	50%切り下げ	1.30	1.39

(5) マーケット環境の調査

①マスター・プラン

ブキット王国政府は、10年間に亘る電源開発計画である"National Strategy for Development of Energy and Energy Efficiency till 2010"を策定している。

②経済成長

当該計画では、ブキット王国政府は、IMFと合意した以下の経済成長シナリオを想定している。

1997年にGDPが底を打ち、この時点での値を100とした場合、2000年を114、2005年に150、2010年には209にまで成長すると想定（2000年から2010年までの年平均伸び率：6.25％）。

③電力需要

上記経済成長シナリオを前提として、2010年までの国内電力消費量と最大電力を次表のとおり想定しており、2010年までに消費電力量は年平均3.73％、最大電力は年平均3.67％で増加するシナリオとなっている。

	消費電力量（GWh）	最大電力量（MW）
2001	48,731	9,010
2002	51,414	9,498
2003	53,327	9,848
2004	55,021	10,154
2005	56,479	10,419
2006	57,750	10,650
2007	58,754	10,832
2008	59,567	10,980
2009	60,586	11,166
2010	61,696	11,368

④電源開発計画

また，当該シナリオに従い，以下の電源開発が計画されている。

(単位：MW)

	1999-2005年	2006-2010年
揚水発電所	400	
ロッキー火力発電所	600	
石炭焚き火力発電所		930
水力発電所	500	200
天然ガス焚き火力発電所	600	600
合計	2,100	1,730

⑤本プロジェクトの位置づけ

上述の通り，本プロジェクトはブキット王国政府のマスター・プランの中で計画されている電源開発プロジェクトのひとつとして位置づけられている。さらに，本プロジェクトはベースロードの発電を担当する発電所としての役割を期待されており，本プロジェクトは実需に裏打ちされた政府にとって極めて重要なプロジェクトであるということができる。

(6) 結論

上述の通り，本プロジェクトに関するリスクの分析を行い，プロジェクト関係者との交渉の結果，ブキット王国がプロジェクトファイナンス・ベースの融資を行うに当たり，対象国として特段の懸念がないこと，本プロジェクトの関係者間でのリスク・シェアリングが適切になされており，貸し手としてのリスク・コントロールが十分にできていること，ブキット王国電力マーケット環境に鑑み，本プロジェクトがブキット王国にとって極めて重要なプロジェクトであると位置づけられていることが確認された。

したがって，当行として本件の借入人であるロッキー発電会社に対し，プロジェクトファイナンス・ベースの融資を行うことを決定した。

参考文献

（1） 染谷恭次郎,『キャッシュ・フロー会計論』, 中央経済社, 1999 年
（2） 久保田政純編著,『企業審査ハンドブック』第三版, 日本経済新聞社, 2001 年
（3） Weston, J.F. and E.F. Brigham, *Essentials of Managerial Finance*, 9th edition, Dryden Press, 1990
（4） Higgins, R.C., *Analysis for Financial Management*, 5th edition, McGraw-Hill Companies, Inc., 1998
（5） 染谷恭次郎,『増補資金会計論』, 中央経済社, 1960 年
（6） Anton, H.R, *Accounting for The Flow of Funds*, Houghton Mifflin Company, 1962
森藤一男, 鎌田信夫訳（1964）,『資金計算の理論』, ダイヤモンド社
（7） 久保田政純編著,『企業審査ハンドブック』第二版, 日本経済新聞社, 1997 年
（8） 国弘員人編著,『資金繰分析入門』, 銀行研修社, 1971 年
（9） 久保田政純共著,『有価証券報告書のしくみ』, 日本実業出版社, 1996 年
（10） Bernstein, L.A., *Financial Statement Analysis*, 5th edition, Irwin, Inc., 1993
（11）「特集不良債権の処理と開示」, 企業会計第 52 巻第 4 号, 中央経済社, 2004 年 4 月
（12） White, G. I., A. C. Sondhi, and D. Fried, *Financial Statements*, 2nd edition, John Wiley & Sons, Inc., 1998
（13） Palepu, K.G., V. L. Bernard and P. M. Healy, *Introduction to Business Analysis & Valuation*, South-Western Publishing Co., 1997
（14） 監査法人トーマツ編,『キャッシュ・フロー計算書　作成実務と経営管理（第四版）』, 清文社, 1999 年
（15） 菊池誠一著,『連結経営におけるキャッシュフロー計算書』, 中央経済社, 1998年
（16） Lawsen, E. J., *Modern Advanced Accounting*, 6th edition, McGrow-Hill, Inc. 1994
（17） 諸井勝之助著,『経営財務講義（第二版）』, 東京大学出版会, 1987 年
（18） 久保田政純著,『設備投資計画の立て方（第 4 版）』, 日本経済新聞社, 2004 年
（19） Brealey, R.A. and S. C. Myers, *Principles of Corporate Finance*, 6th ed., The

McGraw-Hill Co., 1996
- (20) 久保田政純編著,『戦略的設備投資の実際』, 日本経済新聞社, 1995 年
- (21) 久保田政純, 栗原雄二著,『設備投資計画の立て方・進め方』, 日本実業出版社, 1997 年
- (22) 筒井英治著,『設備投資と資金計画の進め方』, 税務研究会出版局, 1996 年
- (23) 鎌田信夫,「我が国の「キャッシュ・フロー計算書基準」の特質」,「JICPA ジャーナル」, vol.11 No.10,(1999 年)
- (24) 諸井勝之助,「「国際ファイナンス」で何を学んだか」, 青山国際政経論集, 第 47 号, 1999 年, pp32-38
- (25) Copeland,T.,T. Koller, J. Murrin, *Valuation, Measuring and Managing The Value of Companies*, 3rd ed., John Wiley & Sons Inc., New York, 20
- (26) 千石康人,「企業価値評価」, 企業審査ハンドブック第三版, 補論 2
- (27) 高橋義雄,『非公開株式鑑定評価の実務』, 清文社, 2000 年
- (28) Eiteman, D.K.,A.I. Stonehill, and M.H. Moffett, *Multinational Business Finance*, 9th ed., Addison-Wesley Publisling Co., 2001,
- (29) 財団法人日本不動産研究所, 投資不動産研究会編,『投資不動産の分析と評価』, 東洋経済新報社, 2000 年
- (30) 塚本勲著,『不動産 DCF 法』, 東洋経済新報社, 2001 年
- (31) Wurtzebach, C.H. and M.E. Miles, *Modern Real Estate*, 5th ed., John Wiley & Sons, Inc.,1994
- (32) Finnerty, J.D, *Project Financing*, John Wiley & Sons, 1996
- (33) 西川永幹 外,『プロジェクト・ファイナンス入門』, 近代セールス社, 1997 年
- (34) 小原克馬,『プロジェクト・ファイナンス』, 金融財政事情研究会, 1997 年
- (35) 根岸靖明,「プロジェクト・ファイナンス」, 企業審査ハンドブック第三版, 事例研究Ⅲ

【著者紹介】

久保田　政純（くぼた　まさずみ）

昭和18年生まれ。昭和41年東京大学経済学部卒業。同年日本興業銀行入行。審査部、外国部アジア班、ジャカルタ駐在、和光証券事業法人本部部長などを経て、平成元年経営コンサルタント（中小企業診断士）開業。公認会計士第3次試験委員、常磐大学国際学部教授を経て、現在、麗澤大学経済学部特認教授、㈱カクタス・インベスト代表取締役。

（著書）

『東南アジアにおける工業経営者の生成』（共著、アジア経済研究所、昭和55年）

『設備投資計画の立て方』（日本経済新聞社、平成3年）

『企業審査ハンドブック』（編著、日本経済新聞社、平成5年）

『危険な経営者』（共著、日本経済新聞社、平成6年）

『設備投資の基本知識』、（PHP研究所、平成6年）

『戦略的設備投資の実際』（編著、日本経済新聞社、平成7年）

『アジア事業展開に成功する本』（PHP研究所、平成7年）

『有価証券報告書のしくみ』（共著、日本実業出版社、平成8年）

『設備投資計画の立て方・進め方』（共著、日本実業出版社、平成9年）

『金融機関のための実践企業再生』（共著、シグマベイスキャピタル、平成18年）

実務家のためのキャッシュフロー分析と企業価値評価　第2版

2006年2月10日　第1刷発行
2008年9月30日　第2版発行

　　　　　著　者　久保田政純
　　　　　発行者　林　謙二
　　　　　発行所　シグマベイスキャピタル株式会社
　　　　　　　　　〒103-0022　東京都中央区日本橋室町1-7-1
　　　　　　　　　　　　　　　　　　　　　　　スルガビル8F
　　　　　　　　　TEL 03(5203)5505　FAX 03(5203)5502
　　　　　　　　　http://www.sigmabase.co.jp/
　　　　　印刷・製本　東京書籍印刷株式会社

©M.KUBOTA 2008 Printed in Japan
ISBN978-4-903302-02-7
乱丁・落丁本はお取り替えいたします。

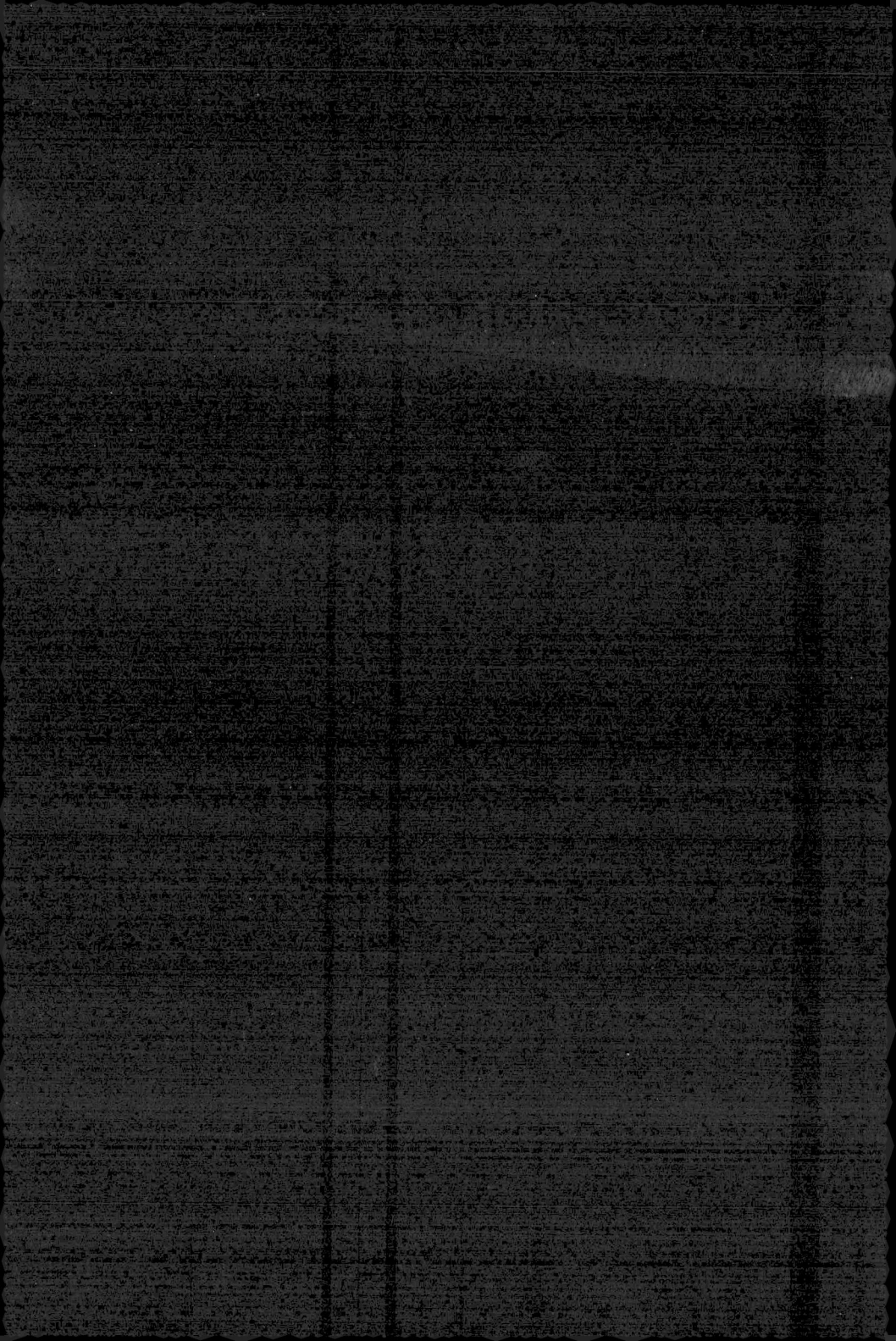